はじめての「弘法大師信仰・高野山信仰」入門

北川真寛 著

セルバ出版

はじめに

　弘法大師空海と言う名を聞いて、どのような人物像を思い浮かべるでしょうか？

　歴史の教科書には、平安時代に真言宗を開いて、高野山金剛峯寺を建立した人物として登場しますが、むしろ弘法大師といえば、高野山の奥之院に生きたお姿のままで、救いを求める人々に寄り添ってくださるありがたい存在、あるいは四国遍路でお遍路さんとの〈同行二人〉旅を支えてくれる存在、または各地を巡って困っている人々のために井戸を掘ったと語り継がれる存在としての〈お大師さま〉・〈お大師さん〉として、人々に親しまれる人物像を思い浮かべる方も多いのではないでしょうか。

　そこで本書では、特に弘法大師に対する信仰にスポットを当てます。まず第１章では、弘法大師空海とはいかなる人物で、どのような著書を残し、どんな教えを説いたのか？　弘法大師の生涯は、伝記はもちろん、絵伝という形でも残されていて、そこでは伝説に彩られたドラマティックな生き様が描かれています。その生涯をふりかえり、さらに大師の著作をひもとくことで、大師の教えや思想を見ていきたいと思います。

　また第２章では、弘法大師に関するさまざまな信仰の形を紹介し、弘法大師がなぜこれほどまでに信仰されるのかを探っていきたいと思います。

　そして第３章では、弘法大師が開創した高野山に対する信仰を紹介します。高野山は約１２００年前に開かれて以来、日本を代表する信仰の聖地・修行の道場として今日にいたります。そんな高野山とはどのような場所であり、なぜ高野山は開創され、今日まで霊場であり続けるのか？　本書は図版や写真を多用し、弘法大師と高野山に対する信仰に迫っていきます。

　2018 年 4 月

　　　　　　　　　　　　　　　　　　　　　北川　真寛

はじめての「弘法大師信仰・高野山信仰」入門　目次

はじめに

第1章　弘法大師空海—弘法大師空海とはいかなる人物か

1　絵伝に見る弘法大師の生涯—弘法大師空海ってどんな人？ ……………………6
　　Ⅰ　弘法大師の伝記絵巻
　　Ⅱ　御生誕とあまたの修行
　　Ⅲ　入唐留学
　　Ⅳ　帰国後の活動
　　Ⅴ　大師と神々
　　Ⅵ　高野山の開創
　　Ⅶ　鎮護国家・衆生救済の活動
　　Ⅷ　御入定
2　弘法大師の教えと著作—弘法大師はどんな教えを説いたのか　………………53
3　小結—弘法大師の多様な事績………………………………………………………67

第2章　弘法大師信仰—弘法大師はなぜ信仰されるのか

1　入定信仰と御宝号念誦—大師はいつ入定し、「南無大師遍照金剛」はいつからお唱えされたのか……70
　　Ⅰ　入定信仰
　　Ⅱ　御宝号念誦
2　弘法大師をあらわす梵字—弘法大師の種子はなぜ「𑖀」なのか　…………77
3　四国八十八ヶ所霊場巡礼—遍路のススメ　………………………………………86
4　全国の弘法大師伝説—諸国を飛び回った弘法大師　……………………………90
5　小結—弘法大師の多様な伝説………………………………………………………98

第3章　高野山信仰—天空の聖地 高野山を訪ねてみよう

1　高野山の開創—高野山はなぜ開創されたのか　…………………………………100
2　高野山の歴史—高野山はなぜ１２００年続いてきたのか　……………………102
3　高野山の地理—高野山ってどんなところ？………………………………………106
4　壇上伽藍—壇上伽藍を参拝してみよう！…………………………………………113
5　奥之院—奥之院を参拝してみよう！………………………………………………130
6　小結—高野山参詣の意義……………………………………………………………143

あとがき

参考文献

第1章

弘法大師空海
――弘法大師空海とはいかなる人物か

1　絵伝に見る弘法大師の生涯
―弘法大師空海ってどんな人？

I　弘法大師の伝記絵巻

今も生き続ける弘法大師

　史実として弘法大師空海は、今から約1200年前に実在した人物であり、その功績は多方面にわたります。歴史の教科書が記すとおり、平安時代に真言宗を開いて、高野山金剛峯寺を建立した宗教者であり、思想家であり、また語学や芸術、さらには土木や教育にも力を発揮した実践家でもあります。そのため一人の歴史上の人物として〈空海〉を見ることも、学問上では大切なことであることは言うまでもありませんが、本書ではむしろ信仰上で今も生き続ける〈弘法大師〉に注目していきます。

〔図表1〕　角大師像
魔除けの護符として、比叡山麓の坂本や京都で用いられている

　実は〈大師〉と呼ばれる高僧は、日本に25名ほどいます。大師号とは、天皇から贈られる高僧に対する尊称です。しかし「大師は弘法に奪われ、太閤は秀吉に奪わる」という言葉が示すとおり、〈大師〉といえば〈弘法大師〉を指すと考えるのが一般的です。それほど〈弘法大師〉は特別であり、特異な存在であるわけです。

　確かに他宗派の祖師たちも勝れた業績と信仰を打ち立て、それぞれの宗派では宗祖として尊敬を集めています。例えば浄土宗の開祖である法然上人（1133—1212）のように、何度も大師

号を授かった方もいますし、宗祖ではないものの、元三大師良源（９１２
―９８５）師のように角大師や豆大師として、庶民の信仰を集める例も見られますが、一般の人々にも広く知られた存在として信仰される宗祖は、弘法大師をおいて他にはいません。

　弘法大師空海（以下、本文では大師と略称します）は平安初期に確かに実在した人物であり、その伝記も数多いものです。その詳細は長谷宝秀編『弘法大師伝全集』１０巻にまとめられ、活字として見ることも可能です。

　しかしここでは、絵伝によってその生涯をふり返りたいと思います。その理由は、絵伝でしか味わえない大師のダイナミックな生涯や伝記が描かれているからに他なりません。

　大師の絵巻はこれまでの先行研究によって、五種類の系統に分類できることが明らかになっています。

　　①高祖大師秘密縁起　　　１０巻
　　②高野大師行状図画　　　　６巻
　　③高野大師行状図画　　　１０巻
　　④弘法大師行状絵（詞）　１２巻
　　⑤板本高野大師行状図画　１０巻

　本書では③に属する高野山親王院に伝わる『高野大師行状図画』１０巻（以下、親王院本）について解説します。親王院本を取り上げた理由は、親王院本が５種類の絵巻の中で最も場面数が多いこともさることながら、CD-ROMとして『高野大師行状図画』が刊行され、すでに武内孝善氏によって詳細な解説（CD付属の解説書や『弘法大師伝承と史実』）がなされていて、絵巻を鮮明なデジタル画像として目にすることも容易であるためです。

親王院本に描かれるエピソードの表題
　なお親王院本に描かれるエピソードは全部で９２の場面からなり、それぞれに表題と詞書と絵が付されています。その一覧を挙げると、次のようになります。

親王院本に描かれるエピソードの表題

巻1	【誕生奇特】【幼稚遊戯】【四王執蓋】【誓願捨身】【明敏篤学】【聞持受法】【大瀧飛剣】【室戸伏龍】【桂谷降魔】【出家受戒】【明星入口】
巻2	【天狗問答】【久米東塔】【渡海祈願】【勅許入唐】【入唐着岸】【長安上洛】【五筆勅号】【虚空書字】
巻3	【渡天見仏】【在唐入壇】【珍賀怨念】【守敏護法】【道具相伝】【恵果入滅】【恵果影現】【投擲三鈷】【着岸上表】
巻4	【帰朝上表】【賀春生木】【遠救火災】【参詣御廟】【清涼成仏】【御柴手水】【高雄潅頂】【隔河書額】
巻5	【八幡約諾】【稲荷契約】【加持霊水】【宇治河舩】【水神求福】【久米講経】【南円堂鎮】【勝地福田】【二人弟子】【真如親王】【観法無碍】【禅僧与油】
巻6	【恵日草創】【霊山結界】【釈尊出現】【讃州釼山】【善通寺額】【土州朽橋】【天地合字】【大峯修行】【小児活生】【了知牛語】【西門日想】【龍泉湧出】
巻7	【高野尋入】【巡見上表】【丹生託宣】【皇帝御祈】【三鈷宝釼】【人塔建立】【秘鍵開題】【権者自称】【皇帝受法】【東大寺蜂】【東寺勅給】
巻8	【神泉祈雨】【守敏降伏】【仁王経法】【二間修法】【対治疫鬼】【恵果救療】【皇嘉門額】
巻9	【後七日法】【門徒雅訓】【入定留身】【嵯峨喪礼】【贈位官符】【慈覚霊夢】【高野珍瑞】【贈大師号】
巻10	【住吉同体】【幡慶夢想】【遺跡影向】【博陸参詣】【大塔修造】【高野臨幸】

　本節では、武内氏の解説なども参考にしながら、親王院本の中から主要な
エピソードを取り上げ、最初にそれぞれの絵図を挙げて解説をすることで、
大師の生涯を追ってみたいと思います。

Ⅱ　御生誕とあまたの修行

【誕生奇特】
たんじょうきとく

〔図表2〕母の胎内に宿る

　この場面で、建物の奥の部屋で横になっているのが、大師の父である佐伯直田公と母である阿刀氏の娘です。
さえきのあたいたぎみ　　　　　　　　あとじ

　父である田公は、讃岐国多度郡（現在の善通寺市付近）の有力者であり、
　　　　　　　　さぬきのくにたどのこおり　　　　　ぜんつうじし
佐伯直氏は郡司（中央から派遣された国司の下で、郡を治める地方官）の
さえきのあたい　ぐんじ
家系です。〈直〉とは古代の貴族階級における称号である姓の一種であり、
　　　　　あたい　　　　　　　　　　　　　　　　　　　　かばね
他に臣・連・造・首など３０数種類あります。
　おみ　むらじ　みやつこ　おびと

　ただし一般には、父は佐伯善通、母は玉依御前として親しまれていて、大
　　　　　　　　　　さえきのよしみち　　　たまよりごぜん
師の誕生所として知られる善通寺（他に善通寺から５キロほど離れた海岸寺
　　　　　　　　　　　　ぜんつうじ　　　　　　　　　　　　　　　　かいがんじ
などが大師の誕生所であると伝える伝承もあります）は善通の名にちなんでいます。

　一方、母の名が本当に玉依御前であったのかは、正確には不明です。ただ畿内において大きな経済力を持っていたと考えられる阿刀氏の出身であることから、大師が讃岐ではなく畿内で誕生したとする説も唱えられています。

　その真偽は一旦置くとしても、大師は経済力を持つ有力な一族出身の両親のもとに、宝亀５（７７４）年に誕生したわけです。この場面においても、
　　　　　　　ほうき
建物が建ち並ぶ屋敷が描かれており、ここでは屋敷の奥の一室に横になる両

9

親のもとに、雲に乗った僧が飛来する姿があります。親王院本には、「父母の夢に天竺より聖人飛来して懐中」に入る夢を見たことが記されています。

これは大師が聖なる特別な存在であることを示すものであり、例えば『方広大荘厳経(ほうこうだいしょうごんきょう)』という経典には、釈尊の母である摩耶夫人(まやぶにん)も（6本の牙を持つ）白い象が胎内に入る夢を見て、釈尊を懐妊したとされています。

なお大師の誕生日は6月15日とされますが、その理由は西暦774年6月15日が不空三蔵の入滅日であるためです。つまり不空三蔵が入滅した同じ年に大師は誕生したわけです。のちに触れますが、不空三蔵は大師の唐での師である恵果和尚(けいかかしょう)の師であります。また四大訳経家の1人として知られ、特に金剛頂系の密教を唐に伝えた祖師の1人と位置づけられています。

後世、大師はその不空三蔵の生まれ変わりであるとする説が唱えられ、そのため不空三蔵の入滅日が大師の誕生日と定められたようです。

【幼稚遊戯(ようちゆげ)】

〔図表3〕幼き日より、仏に親しむ

大師は幼き日には、真魚(まお)と呼ばれていました。このエピソードは、真魚がいつも夢で見ていたという仏たちと語り合う場面を、むかって右側に記しています。

そしてその仏の姿を泥でこねてつくり（中央の場面）、それを草葺きの庵に安置して礼拝している場面（左方）を描いています。このようなことから、真魚は〈貴物(とうともの)〉と呼ばれていました。

実は多度郡には、大師の誕生以前から佐伯氏の氏寺などが建っていて、早くから仏教が信仰されていたことが指摘されています。つまり大師にとって仏教は幼き頃より身近なものであり、大師が仏門に入る仏縁ともいうべき素地がすでにあったといえるでしょう。

【捨身誓願】
しゃしんせいがん

〔図表4〕身を投げたところ、天人が受け止める

〔図表5〕我拝師山

〔図表6〕半偈捨身

6、7歳のとき、仏法を広め衆生を救済することが自分の進むべき道か否かを問うために、険しい山の上から身を投げたところ、天人が降りてきてその身を受け止めた場面です。この場所はのちに〈捨身ヶ嶽〉と呼ばれるようになりました。
　捨身ヶ嶽は、現在は我拝師山と呼ばれ、麓には四国第73番札所である出釈迦寺や72番曼荼羅寺があります。なお親王院本の第6巻【釈尊出現】にも、大師がこの山で修行中に釈尊が出現した話を載せています。
　この場面のルーツは、『涅槃経』というお経にあります。そこでは、釈尊の前世の姿である雪山童子が、羅刹（人を食べる鬼）が唱えた「諸行無常是生滅法」の偈文の続きを聞くために、羅刹に我が身を差し出すことを約束し、後半の「生滅滅已　寂滅為楽」を聞いて岩などに書き留めた後に、約束通り高い木の上から羅刹の口にめがけて身を投げたところ、羅刹が帝釈天に変じて童子を受け止めた説話が説かれています。
　つまり大師は釈尊と同じ道を歩む聖者であることを述べているわけです。
　なお羅刹が唱えた偈文は〈諸行無常偈〉、あるいは〈雪山偈〉と呼ばれ、「諸々の存在は永遠に存在するものではなく、生まれては滅することが道理である。生まれては滅する、それらの静まる（生滅自体を滅し尽くした）ところが安楽なるさとりである」といった意味になります。

【明敏篤学】

〔図表7〕若き日に勉学に励む

大師は１５歳の時に母方の叔父である阿刀大足に連れられて都に上り、漢籍を学びました。そして１８歳で、当時の貴族の子弟のための官吏養成機関である大学に入学し、中国の古典などを学んでいます。

　阿刀大足は、当時の桓武天皇の皇子である伊予親王の侍講（天皇や親王などに学問を講じる学者）を務めるほどの人物です。その叔父から漢籍の手ほどきを受け、さらに大学の明経科において学んだ大師の勉学に対する姿勢は、「夜は雪明かりや蛍の光で勉学に励んだ古人を思い出して自らの怠惰をむち打ち、首に縄をかけ、太ももを錐で刺して眠気を防いだ」（『三教指帰』序）と大師自らが書き残しているほどです。大師の著書の名文ぶりをみれば、若いうちからその素養を懸命に磨いていたことがわかります。

【聞持受法】

〔図表 8〕求聞持法を授かる

　大学の明経科で大師が学んだ科目は、儒学であります。四書五経と呼ばれる『大学』や『論語』、『春秋』や『礼記』などを学び、将来は官吏（役人）として朝廷に仕えることになります。そしてそこで求められることは、今も昔も記憶力です。

　そんな中、大師は虚空蔵求聞持法という秘法をある僧から授けられます。虚空蔵求聞持法は、虚空蔵菩薩のご真言である「ノウボウアキャシャキャラバヤオンアリキャマリボリソワカ」を１００万遍お唱えすることで、優れた

記憶力を得ることができるとされます。

　大師はこの法を「一の沙門」から授かったと記していて、この沙門とは、伝統的には大安寺で学び、石淵寺（現在、奈良市にある白毫寺は、石淵寺の中にあった一院であると伝えられています）を開いた勤操僧正（７５４―８２７）と見なされてきました。

　しかし現在の研究では、日本に虚空蔵求聞持法を将来した大安寺の道慈（？―７４４）師の門下に連なる人物が有力であると考えられ、例えば勤操師も道慈師の孫弟子に当たりますが、他にも日本に『釈摩訶衍論』を将来した戒明（生没年不詳）師などが候補として挙げられるものの、正確にはわかっていません。

【出家受戒】

〔図表９〕出家得度

　大師は求聞持法を授かり、そして幼き頃から親しんできた仏教への関心もあってか、次第に山林に籠もって修行を行うようになりました。しかし当時の社会では正式な僧侶になるためには、国の許可が必要であり、このように許可を得ずに修行を行う者達は「私度僧」と呼ばれていました。

14　第１章　弘法大師空海　―弘法大師空海とはいかなる人物か

ただし「僧」とは正式な得度を行い、（さらに具足戒などの、僧として守らなければならない戒律を授かった）者を指しますので、厳密には「私度僧」の表現は正しくありませんが、差し当たりここでは「私度僧」と表現します。

　さて私度僧は度々取り締まりの対象となりましたが、それは僧尼となれば租税などの課役免除の特典が与えられたので、それをのがれるために勝手に得度（出家）する人々がいたためです。

　大師も当初は私度僧となって山林修行に身を投じていたと思われますが、実はこの頃の大師がどこで何をしていたのかは、正確にはよくわかりません。大師自ら残した書物からは、四国の大瀧嶽や室戸岬、あるいは紀伊半島の吉野や高野を訪れていたことが記されているのみです。

　特に２４歳の時に『聾瞽指帰』を執筆してから入唐に至るまでの７年間は一切の記録がなく、この期間は「空白の７年間」と呼ばれます。

　なお大師の出家（得度）については、伝統的には延暦１２（７９３）年、大師２０歳の時に和泉の槙尾山寺において、勤操大徳を戒師として執り行われたと見なされてきました。それは大師の遺言書と信じられてきた『御遺告』に拠ります。しかし今日の研究では、『御遺告』が後代に作成されたものと見なされ、大師の得度の時期については、延暦１７（７９８）年の２５歳説や、延暦２２（８０３）年説・延暦２３（８０４）年説などが唱えられています。

　当時の律令制度のもとでは、毎年の出家者の人数が決められているなどの制約がある中、入唐するためには得度と授戒によって正式に国に認められた「官度僧」になる必要があり、いずれの説にしても、大師は入唐までに出家を許されたことになります。

　また出家した大師（出家前は真魚）は教海、のちに如空と名乗り、２２歳の時に東大寺戒壇院において具足戒を授かってから名を空海とあらためたと伝えられてきました。しかしこれを裏づける史料がなく、信頼すべき最古の史料として、延暦２４（８０５）年９月１１日付の太政官符という公文書に空海の名が登場することが指摘されています。

　なお得度の場所や戒師も確実なことはわかりませんが、延暦２２年に具足戒を授かり、正式な僧となったとの見解も見られます。

15

【明星入口】
_{みょうじょうにゅうく}

〔図表10〕明星が口に飛び込む

　先ほど述べたように、大師は１人の沙門から求聞持法を授かり、四国や紀伊半島で修行を重ねてきました。

　そんな中、四国の室戸岬で求聞持法の行をしていた大師は、不可思議な体験をしました。それは明星（金星）が口に飛び込むという神秘体験です。なお明星は虚空蔵菩薩の象徴とされます。親王院本におけるこの場面の描写は、口に飛び込んできた明星を器に入れて海の中の岩場に置いているところです。

　なお室戸岬には、大師が求聞持法を修したという御厨人窟（あるいはその隣にある神明窟）という洞窟が存在しており、現在でも参拝者が絶えません。

　この体験について、大師は自ら「谷響を惜しまず、明星来影す」（『三教指帰』序）と短く記していますが、この常識ではあり得ない体験こそが、大師の密教求法の大きなきっかけとなっていきます。

　つまり大師が体験した不思議な現象とは一体何なのか？　このことが何かに書いてあるのか？　このことを誰かが説明してくれるのか？

　この答えを求めて、大師はより広く経典や論書を求めて読みふけり、これに答えてくれる師を求めた結果、大師は入唐という大きな決断をすることになっていきます。

Ⅲ 入唐留学

【久米東塔(くめとうとう)】

〔図表11〕久米寺で『大日経』を見る

　室戸岬で体験したことは一体何だったのか、それを説く教えを求めて、大師があらゆる経典や論書を夢中になって読みあさったことは想像に難くありません。

　大師は諸仏にその教えが何であるかを示していただけるように祈願し、あるとき夢の中で、「『大日経(だいにちきょう)』という経典こそが、そなたの求める教えを説いたものであり、その経典は久米寺(くめでら)の東塔にある」ことが告げられます。そこ

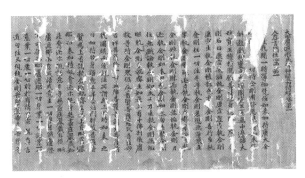

〔図表12〕『大毘盧遮那成仏神変加持経』(高野山大学図書館 光明院文庫、重文)

17

で大師は久米寺の東塔を訪ね、『大日経』を紐解かれたところを描いたのが、この場面です。

ところが、さすがの大師でも『大日経』の内容を完全に理解するには及ばず、いくつもの疑問が浮かんできました。しかしそれに答えてくれる師が当時の日本にはいなかったことから、大師は当時の先進国である唐の国に留学し、さらに理解を深めていく決意をします。

伝統的にも、『大日経』そのものより、その註釈書である『大日経疏』を学ぶことが『大日経』を学ぶことになるとされています。それほど『大日経』はその内容が難解です。

また最近の研究では、大師が三論宗の僧として、当時の法相宗との間で繰り広げられた空有に関する論争を解決するために入唐したとの説も提出されていますが、たとえそうであったとしても、大師自身の修行体験や密教経典との出会いが、大師を入唐へと誘ったと考えられるのです。

【勅許入唐】

〔図表13〕唐に向けて、海を渡る

大師が入唐を決意し、いよいよ遣唐使船に乗り込んで、延暦２３（８０４）年７月に肥前国松浦郡（現在の長崎県平戸や五島列島など）田浦を出港し、船が海の上を進む場面です。

このときの船団は４隻で、大師は第１船に乗船し、第２船にはのちに天台宗を開いた伝教大師最澄（７６６、一説に７６７－８２２）師が乗り込んでいました。

しかし、この航海は描写されているほど順調なものではありませんでした。そもそも大師が乗船した第１６次遣唐使船は、前年の延暦２２年４月に難波津を出港したものの、早くも瀬戸内海で嵐に遭って大破し延期となっていたため、翌年の遣唐使船はその再チャレンジの船でした。

　大師が２回とも乗船していたのか、それとも第２回目の船になんとか乗り込めたのかは専門家の見解が分かれるところですが、いずれにしても第２回目の航海もやはり嵐に遭い、大師の第１船も約１か月もの間、東シナ海を漂流したのです。

【入唐着岸】(にっとうちゃくがん)

〔図表14〕大使に代わり、嘆願書を提出

　最澄師の乗った第２船は明州（浙江省）にたどり着いていますが、当時はほぼ風の向きと潮の流れまかせの航海であったこともあり、大師の乗った第１船は、かなり南に流されて、やっとのことで８月に福州（現在の福建省）赤岸鎮（せきがんちん）に漂着しました。なおこの赤岸とは、〈赤い岸〉の意味ではなく、赤とは五行では南に当たることから、南の岸を意味するようです。

　このように命がけで唐にわたった遣唐使の一行ですが、国書を携えていなかったこと、新任の福州の長官が未だ着任していなかったことなどもあり、海賊ではないかとの疑いをかけられ、赤岸鎮からさらに南の州都・福州へ回航させられて、長く浜辺の仮屋に待機を余儀なくされました。

　遣唐大使の藤原葛野麻呂（ふじわらのかどのまろ）は再三にわたって嘆願書を提出するも認め

19

られず、大使の代筆で大師が「大使、福州の観察使に与うるが為の書」
(『性霊集』5)をしたためたところ、その格調高い名文ぶりが認められて、
ようやく正式に上陸を許されました。

　しかしさらに問題がおきました。上陸を許可されたのちに、一行は唐の都
である長安（現在の西安市）を目指すことになりますが、その一行の中に大
師が含まれていなかったのです。そこで大師は再び「福州の観察使に与えて
入京する啓」(『性霊集』5)なる申請書を提出して、自らも長安へ向かう一
行に加えてもらうように訴えました。

　大師の格調高い文章と技巧を凝らした筆づかいが、福州の役人達にも認め
られて、大師はようやく長安へと向かうことができました。そしてそれは
11月のことであり、福州から長安までの2400キロメートルにも及ぶ行
程を踏破して12月末にようやく長安に入ることができました。日本を出発
してから、5か月近くたってのことでした。

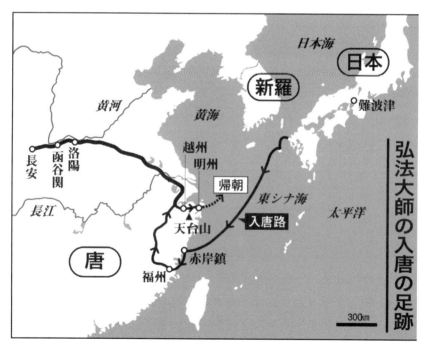

〔図表15〕弘法大師の入唐の足跡

【五筆勅号】

〔図表16〕五本の筆を操り、壁に揮毫

　大師が長安に滞在していた頃、王羲之の書が書かれた宮中の壁を修理したものの、遠慮して誰も筆をとろうとしなかったので、大師に揮毫することが命じられ、まさに筆をとって一度に五行もの書を描こうとする場面です。

　王羲之といえば、書の芸術性を高めた偉人として、後世にも広く知られた書家であります。代表的な作品として、行書で書かれた『蘭亭序』が最も有名ですが、行書だけでなく、さまざまな書体を使いこなしたことから、〈書聖（書の聖人）〉と称されています。

　図表16にあるように、両手と両足、そして口にまで筆を咥えて、今まさに文字を書こうとする姿は何ともユーモラスですが、これは王羲之に匹敵するほど、五つの書体を巧みに使いこなす書の達人であることを描写したものと思われます。

　時の順宗皇帝はこれを感歎して大師に〈五筆和尚〉の称号を贈り、今も東寺に伝わる〈菩提子念珠〉を賜ったと伝えられています。

　この五筆和尚の称号は、必ずしも後で造られた荒唐無稽な伝説ではなく、大師の甥（あるいは姪の子）に当たる天台宗の智証大師円珍（８１４—８９１）師が福州の開元寺を訪ねたところ、寺主の恵灌師から「五筆和尚はご健在ですか」と尋ねられたという逸話（『智証大師全集』下、１３０９頁上）が伝えられていて、大師の能筆が広く世に知れ渡っていたことがわかります。

【在唐入壇】

〔図表17〕灌頂を授かる

　当時の長安は、ローマなどとならぶ巨大国際都市であったことから、大師は長安に入ってから、日本では見たこともない文化や風俗に触れ、精力的にさまざまな知識を吸収していったことでしょう。

　特に仏教に関しては、インド僧である般若三蔵と牟尼室利三蔵からインドの宗教事情や梵語（サンスクリット語）を習っています。特に般若三蔵からは三蔵が新たに訳した『華厳経』40巻や『大乗理趣六波羅蜜経』、『守護国界主陀羅尼経』などの経典も授かっています。

　このように現地で見聞を広める中、大師は青龍寺（または青龍寺とも）に恵果和尚（746―806・以下、和尚）という大徳がおられることを耳にします。和尚は唐の国に本格的な密教をもたらした不空三蔵（705―774）の後継者で、唐の三代にわたる皇帝の帰依を受け、各地から集まった弟子は1000人にも及ぶほどでした。

　そこで大師は、当時寄宿していた西明寺の数名と共に、和尚を訪ねます。すると当代随一の密教の師は大師を一目見て、「私は以前からそなたがここに来ることを知っていて、今か今かと長らく待っていた。今日、そなたにようやく会うことができてなんとうれしく、なんとすばらしいことか！　私の寿命は今まさに尽きようとしているが、密教の法を授けるべき後継者がいない。早速に供物を準備して、（密教の法を伝えるべき阿闍梨となるための）灌頂の儀式に臨みなさい」と述べたそうです。

　こうして大師は6月に胎蔵曼荼羅、7月に金剛界曼荼羅に向かって華を投げ、密教儀礼の規則などが説かれた儀軌を授かりました。曼荼羅の上に華を投げることは投華と呼ばれ、華が落ちた場所に描かれる仏と縁を結ぶことに

なります。この大師による投華では、不思議なことに華は２回とも大日如来の上に落ちたのです。

　そして８月に阿闍梨位の伝法灌頂が授けられ、大師は密教の正統な後継者である阿闍梨となりました。実は１０００人にも及ぶ弟子の中で、和尚から金剛界と胎蔵の両部の灌頂を受けたのは大師を含め２人のみであり、胎蔵だけを受けた者が２人、金剛界を受けた者が２人であります。このことが歴史の偶然であったのか必然であったのか、いずれにしても奇跡と呼べる受法であったことは明らかであり、親王院本も大師が今まさに灌頂が行われる道場に入らんとする行列を記しています。

【珍賀怨念】
_{ちんがおんねん}

〔図表18〕珍賀師、大師に謝罪

　日本から来たばかりの無名の僧に、密教の最奥義である灌頂が授けられたことに対して、関係者の中から少なからず非難めいた異論が噴出したことは想像に難くありません。和尚の兄弟弟子である順暁阿闍梨の弟子である珍賀もその一人でありました。

　しかし親王院本にあるように、夢の中で仏法を守護する四天王に叱責され、恵果和尚と大師に自らの非を詫びています。

　密教僧が誓うべき戒として三昧耶戒がありますが、そこには相手の器に応じて、法を授けるべきことを説いています。つまりその資格のないものには軽はずみに奥義を教えることを誡める一方、機根（仏の教えを聞いて、あるいは仏縁が熟して修行することができる能力や性質）の優れた者には、惜し

23

みなく法を説かなければいけません。
　ちなみに順暁阿闍梨とは、入唐した天台宗の最澄師に〈三部三昧耶の灌頂〉なる密教の法を授けた人物ですが、その弟子が敵役にされている点には、この説話が史実か否かは一旦置くにしても、何かしら恣意的な意図を感じるのは考えすぎでしょうか。
　また最澄師が授かった〈三部三昧耶の灌頂〉では、三種の真言が伝授されましたが、これらが具体的にどのようなものであるかは、早くから明確ではなく、のちの天台宗の諸師たちが蘇悉地法とも関連して、議論の対象となっていきます。

【道具相伝】

〔図表19〕衣鉢を継ぐ

　正統な和尚の後継者として、その証しとして自ら使用されていた〈健陀穀子袈裟〉を大師に譲らんとする場面であります。「衣鉢を継ぐ」という言葉がありますが、まさに師匠が弟子に衣と鉢を仏法の伝授と共に託している

わけです。

また実際に大師は健陀穀子袈裟以外に、和尚所持の瑠璃のお椀や箸なども譲られています。

なお健陀穀子袈裟とは木蘭色(黄褐色)の綴織の袈裟という意味です。承和2(835)年からはじまった後七日御修法と呼ばれる玉体安穏と五穀豊穣を祈る法会において、導師が着用していたことから傷みが激しいものの、この袈裟は東寺に現存しています。

さらに和尚の師匠である不空三蔵や、そのまた師である金剛智三蔵(669―741)から相伝されたものとして仏舎利なども相伝され、その中の仏龕が現在も高野山に伝わっています。高野山の仏龕は携帯できる造りになっていますが、そもそも仏龕とは、仏像や経文を安置するための小部屋や容器を指し、敦煌やバーミヤンなどの石窟のニッチも(壁)龕です。

〔図表20〕仏龕

【恵果入滅】
けいかにゅうめつ

〔図表21〕恵果和尚の入滅

　大師への付法が終わったその年の１２月に、和尚は行年６０歳にして示寂（高僧が亡くなること）します。親王院本でのその描写は、釈尊が涅槃に入られたときの涅槃図を彷彿とさせます。

〔図表22〕涅槃像（高野山金剛峯寺）

大師は弟子を代表して、和尚の生前の徳を偲んで「大唐神都青龍寺の故三朝の国師・灌頂の阿闍梨、恵果和尚の碑」(『性霊集』2)という碑文を書いています。

　和尚は亡くなる直前に、「早く故郷の日本に帰って、密教の教えによって国に奉仕し、これを広めて、人々の幸せを増進しなさい」(『御請来目録』)と、大師に遺言しました。

　これにしたがって大師は、本来ならば20年という留学期間を大幅に短縮し、2年足らずで帰国する決意をします。

【恵果影現】

〔図表23〕入滅した恵果和尚が影現

　和尚が示寂された夜、大師は悲嘆に暮れながら一人道場で和尚のことを念じていたところ、目の前に和尚が生きていたときのお姿そのままに現れた場面です。

そのとき和尚は、「そなたは知らないかも知れないが、そなたと私の縁は大変深いものがある。実は何度もお互いに師匠となり、また弟子となることを繰り返して密教を世に広めてきた。今回はそなたが西にやってきて、私の弟子となった。次は私が東に行って、そなたの弟子となろう。いつまでもこの地でぐずぐずとしていてはならない。私は先に行っているぞ」（『性霊集』2）と、述べたといいます。

　これに関連して、帰朝後の天長8（831）年に、大師が癰瘡（はれもの）により大僧都（当時の僧侶はすべて国家公務員であり、僧正や僧都などはその役職）を辞職しようとした際に、どこからともなく一人の僧が現れて真言を唱えると、癰瘡がたちまち治り、その僧が忽然と消えてしまった説話（第8巻【恵果救療】）が挿入されていますが、この僧とは実は恵果和尚であったとされ、和尚が大師との約束を果たしたのだとされます。

　ところで和尚が人師と何度も出会ってきたことを述べることは、「悟りを得ることが難しいのではなく、そもそも密教の法に出会うこと自体が簡単なことではないのだ」（『性霊集』2）という言葉に象徴されるように、その出会い難き仏縁に何度も恵まれたことの奇遇を綴っています。

　また20年の留学期間を勝手に短縮することは、〈闕期〉という罪に問われかねません。それを承知で帰国を決意した背景には、師の熱い言葉があったことを物語っています。

　このようにして大師は師の誓願を胸に帰国することになりますが、ここでも奇縁に巡り会います。高階遠成らの遣唐使が長安にやってきていたのです。これは新たに即位した順宗皇帝への朝賀の使節であったとする説や、大師らと共に入唐し行方不明となっていた第4船でなかったかとする説が唱えられています。

　いずれにしても、この機会を逃すと、歴史的には次に遣唐使が派遣されたのは承和5（838）年であり、すでに大師は入定されています。つまり、大師が定められた留学期間を守り、次の遣唐使船を待っていたら帰国できずに、正統な密教も日本に伝わっていなかった可能性が高いわけです。歴史に〈もし〉はありませんが、大師の入唐は奇跡に満ちあふれているといっても過言ではないでしょう。

【投擲三鈷】

〔図表24〕唐から三鈷を投げる

　大師は長安に別れを告げて、明州の港（現在の寧波）にたどり着きました。見送りの人々が見守る中、大師は「密教を弘めたり、修行するのにふさわしい土地があれば、そこに留まるべし」と祈願して、密教の法具である三鈷（股）杵を日本のある方角に向かって投げたところ、三鈷杵は雲の間に消えていったとされる場面です。

　ただしこの伝説を載せる他の資料によれば、海上（船上）にて投げたとする記述と、陸上から投げたとする記述、はっきりしない記述の三つのパターンがあります。いずれにしても、このとき投げられた三鈷杵がのちに高野山で見つかり、このエピソードは高野山が密教の弘通や修行にふさわしい土地であることを証明するものとされました。

　なお、このときに投げられたとされる三鈷杵は、〈飛行三鈷杵〉と呼ばれ、ある時期には鳥羽宝蔵（白河上皇や鳥羽上皇が使用した院御所である鳥羽離宮にあった宝蔵で、現在の名神高速道路京都南インターチェンジ付近にあった）に移された時期もありましたが、後に高野山に返却され、今でも高野山に現存しています。

　さておそらく８月に明州の港を出港した船は、またも嵐に見舞われます。そのとき、嵐を鎮めるために大師が彫られたとされる霊験あらたかな不動明王が〈波切不動〉と呼ばれ、高野山の南院に本尊として祀られています。毎年６月２８日にご開帳されますので、その日に参拝すれば直接手を合わせることもできます。

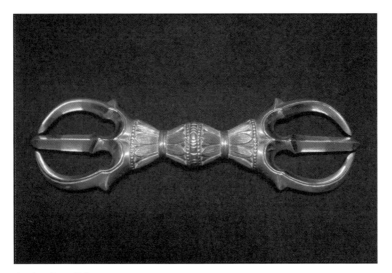

〔図表 25〕三鈷杵

〔図表 26〕波切不動（高野山南院、重文）

30　第1章　弘法大師空海　―弘法大師空海とはいかなる人物か

Ⅳ　帰国後の活動

【帰朝上表】

〔図表27〕帰国の報告書を提出

　大同元（806）年10月に、大師らは九州の博多津にたどり着きます。大師は早速、請来したお経や論書、仏具などのリストを一覧にして報告書にまとめました。『御請来目録』として知られるこの目録には、和尚から密教を授かる経緯や経典などが詳細に記されています。

　大師はこの目録を高階遠成に託し、遠成は12月に平城天皇に対して正式な帰国報告を行い、大師の『御請来目録』もこのときに献上されたと考えられます。

　ところが大師が都に入ることは許されず、そのまま九州太宰府の観世音寺に留め置かれます。その理由については、闕期の罪を犯したためとする説、当時の日本には大師が持ち帰った密教を正しく理解できる人物がいなかったためとする説などがあります。あるいは都を平安京に遷すなど革新的であった桓武天皇の跡を継いだ平城天皇が、桓武帝の政策の見直しを図ったり、大師の叔父である阿刀大足が侍講を務めた伊予親王が謀反の罪に問われるなどの政治的な理由もあったのかも知れません。

```
桓武天皇―┬―平城天皇――高岳親王（真如法親王）
         ├―嵯峨天皇――仁明天皇―┬―文徳天皇――清和天皇――陽成天皇
         │                      └―光孝天皇――宇多天皇――醍醐天皇
         ├―伊予親王 （嵯峨天皇と伊予親王の兄弟関係には異説あり）
         └―淳和天皇
```

〔図表28〕平安初期の天皇系図

【参詣御廟】

〔図表29〕太子の御廟前にて弥陀三尊とあう

　長く九州に留まっていた大師にもようやく日の目を見る機会がやってきました。平城天皇が病気を理由に大同４（８０９）年４月に皇太弟の嵯峨天皇に譲位すると、嵯峨帝は７月に大師が都に入ることを許可します。帰朝後に観世音寺に留め置かれた後の大師の足跡は不明ですが、大同２（８０７）年２月２１日に太宰府の次官の亡くなった母親の供養のための願文を起草していることから、この時点ではまだ太宰府に滞在していたものと考えられます。

　いずれにしましても、大師は入京を認められたときには和泉国にいました。それは大師の入京を認める許可書（『大同４年７月１６日付太政官符』）が、

和泉国の国司に下(くだ)されていることからわかります。伝統説では、槙尾山寺にいたとされています。

　なお大師は嵯峨天皇と特に書などの文化面で親しく交流し、自ら揮毫(きごう)した書や、唐から持ち帰った書跡、さらには筆などを献上していました(『性霊集』3・4)。ちなみに嵯峨天皇と大師は、大師と同じ時に入唐した橘 逸勢(たちばなのはやなり)とともに、書に秀でた3人として、のちに〈三筆(さんぴつ)〉と称されています。

　この場面は、大師が和泉国にいた頃に、河内国にある叡福寺(えいふくじ)に参詣したときの場面です。叡福寺は現在の南河内郡太子町にあって〈上之太子(かみのたいし)〉とも呼ばれ、〈中之太子(なかのたいし)〉と呼ばれる野中寺(やちゅうじ)(羽曳野市)、〈下之太子(しものたいし)〉と呼ばれる大聖勝軍寺(だいしょうしょうぐんじ)(八尾市)とともに、三太子の一つに数えられる聖徳太子(厩戸皇子(うまやどのおうじ))ゆかりの寺院です。叡福寺には、聖徳太子の御廟と伝わる磯長墓(しながのはか)があり、大師だけでなく、鎌倉仏教の祖師たちも参詣したことで知られています。

〔図表30〕磯長墓(叡福寺北古墳、叡福寺境内)

　さて親王院本では、大師が太子の御廟前でお経を唱えていると、観音菩薩(かんのんぼさつ)や阿弥陀如来(あみだにょらい)、勢至菩薩(せいしぼさつ)(いわゆる弥陀三尊(みださんぞん)、太子廟正面にも掛けられています)が姿をあらわします。

　実はこれらの仏がこの世を救うために仮の姿として太子(観音)やその母(阿弥陀)、妻(勢至)となってこの世に現れたとする聖徳太子伝説があり、また11世紀には大師が太子の生まれ変わりであると見なされるようになるなど、両者は日本の仏教の偉人として篤く尊崇されています。

33

【清涼成仏】

〔図表31〕人々の前で即身成仏する

　大師は帰朝後に和尚の遺言にしたがって、真言密教を弘めようとしますが、他宗の僧達はこれに異を唱えたため、弘仁4（８１３）年4月に天皇が日常の政務を執り行っていた清涼殿という建物で、各宗の代表者が集まり、真言密教が説く〈即身成仏〉という教えに関する議論が行われました。

　即身成仏は、手に印を結び、口に真言を唱え、心に仏を観想すれば（三密行）、この身このままで成仏できることを説くものです。

　そこで大師は論より証拠とばかりに、自ら三密行を修して金剛界大日如来の姿となり、集まった貴族や他宗の僧達はみな合掌し、大師を仰ぎ拝んだという場面です。

　なおこの場面に関連して、親王院本第5巻【真如親王】では、修法中の大師が大日如来の姿となったことを、平城天皇の皇子であり、嵯峨天皇の皇太子であった（薬子の変で廃太子）真如法親王が見た説話を載せ、第6巻【西門日想】でも、大師が摂津国（大阪府）四天王寺の西門において夕日に向かい（極楽）浄土を観想する日想観を修したとする説話を記しています。

　ところで、この場面が描かれた背景として、実際に法相宗の徳一（生没年不詳）師が大師に対して『真言宗未決文』なる質問状を記し、即身成仏などの真言密教の教えに対する疑義を呈していることが挙げられます。なお徳一師は親王院本の第6巻の【恵日草創】では、大師の弟子として登場しています。ともかくも真言宗と他宗派との間（特に天台宗）では、それぞれの教義をめぐって後世まで論争が続けられており、大師がもたらした密教が日本に大きな影響を与えていたことがわかります。

【高雄灌頂】

〔図表32〕最澄師らに灌頂を授ける

　大師が入京を許され、拠点としたのが高雄山寺、現在の神護寺です。高雄山寺は和気氏の私寺でしたが、大師が入寺する以前には、天台宗の最澄師が『法華経』を講義するなど、平安初期において大変重要な寺院です。

　その最澄師は、大師が入京直後より書簡を送って経典を借用するなど、両者は交流を深めていきます。最澄師は帰国直前に越州にて密教を授かりますが、長安にて本格的に密教を学んだ大師と比べて、やはり限界がありました。

　そこで大師を通じて、密教を本格的に学ぼうとしたわけですが、これには当時の日本で、密教が最澄師の想像以上に注目されたことがうかがえます。最澄師は、主に『法華経』を中心とした天台の教えを学びに入唐したわけですが、帰国してみると密教が注目されたことから、最澄師は大師からあらためて本格的な密教を学ぶことを決意します。

　そのために、弘仁3（812）年に高雄山寺にて行われたのが高雄灌頂です。大師もそうであったように、密教は灌頂という儀式によって受け継がれます。最澄師もこれにしたがったわけですが、これは大師より7歳も年長である最澄師が大師の弟子となったことを意味します。このときの大師直筆の入壇者リストである『灌頂暦名』が、国宝として神護寺に現存しています。

　ただし、この灌頂は大師が和尚から受けた密教の阿闍梨となるための伝法灌頂ではなく、むしろ入門的な結縁灌頂でありました。そのため灌頂を授かった者は、さらに修行を積むことによって、伝法灌頂に入壇できることになるわけですが、最澄師も密教の修行だけに打ち込むことはできず、弟子の泰範（778—?）師を自分の名代として大師の元に残します。

35

しかし伝統的な筆授(経典や書物によって学ぶ方法)と呼ばれるような最澄師の密教受法の姿勢に対して、大師は面授(師匠と弟子が面と向かって直接学ぶ方法)や直接に体験することを重視しました。交流が進むにつれ、二人の見解の相違が大きくなっていったこと、そして密教の重要なお経である『理趣経』の解説書ともいえる『理趣釈』の借用を大師が断ったこと、泰範師が最澄師の元に戻ることを拒んだことなどから、平安初期の仏教界における両巨頭の交流は終止符を打つことになりました。

Ⅴ　大師と神々

【稲荷契約】

〔図表33〕稲荷神をまつる

　この場面は、大師が東寺を造営する責任者となった(【東寺勅給】を参照)ときに、以前より王城鎮護と密教守護を約束していた稲荷神(稲を荷った男性の姿)が、稲荷山(現在の伏見稲荷)に鎮座したところです。
　元々、稲荷神は京都一帯の豪族である秦氏の氏神で、和銅4(711)年に現在の伏見の地に鎮座したと伝えられています。本来の性格は、水神(雷神)であり、雨や雷を司ることから、穀物神(稲米明神)へと発展し、さらに仏教の天部の一尊である荼枳尼天と同体であると信じられたことから、福徳神となった神です。
　このように稲荷神は農業の神であったことから、穀物を食い荒らすネズミ

を退治する動物として、あるいはその尾が実った稲穂に似ていることから、キツネが眷属となっています。その他、稲荷神には御饌津神の別名があり、狐は古くは〈ケツ〉と呼ばれていたことから、発音の類似性を述べる説もあります。

現在でも伏見稲荷の稲荷祭のときには、神輿が東寺に立ち寄ることからも、両寺社の深い関係がうかがえます。

一方、東寺の鎮守として八幡神が東寺境内に祀られていますが、親王院本には、豊後国（現在の大分県）の宇佐八幡に入唐の無事を祈って『般若心経』百巻を納めた話（【渡海祈願】、後述）や、東大寺にて八幡神が大師を守護することを約束した話（【八幡約諾】）を載せています。

【久米講経】

〔図表34〕久米寺の講義に神々が集まる

かつて大師が『大日経』を目にしたとされる久米寺の東塔で、『大日経』の註釈書である『大日経疏』を講説している場面です。大師は夢の中で、この地に『大日経』があることを教えられ、それを一つの契機として、入唐し日本に本格的な密教を持ち帰りました。

そこで、この夢告の恩に報い、仏縁に感謝するために、『大日経』を翻訳した善無畏三蔵（６３７－７３５）が註釈を施し、一行禅師（６８３－７２７）がさらに註釈を加えた『大日経疏』を久米寺の東塔にて講説しています。

37

さらにこの場面では、塔の中に大師の弟子達が師の講説を拝聴し、塔の外では衣冠束帯姿の日本国中の神祇、あるいは龍王とおぼしき姿や密教守護の天部の尊などが聴聞する姿が描かれています。

　密教では、如来・菩薩・明王・天などの多様な尊格を説きます。さらに後の高野山の開創の段でも述べますが、仏教以外の神祇も大切にします。それは、神祇は仏法を守護するだけでなく、仏の化身として衆生の身近な存在となり、衆生を救済に導く存在とされるためです。

　このように神と仏が全く別々の存在ではなく、あたかも同一の存在であると説くことを〈神仏習合〉といいます。そのため現在は神社と寺院が別々に存在しますが、近世までは一体的な関係の社寺も少なくありませんでした。

【南円堂鎮】

〔図表35〕大師が納めた仏具が掘り出される

　藤原冬嗣が家門繁栄や父の供養のために、弘仁4（813）年に藤原氏の氏寺である南都の興福寺に南円堂を造立した際に、大師が鎮壇法（寺院などを建立する際に、土地の神をまつり鎮めるための作法で、仏教式の地鎮祭の一種）を行いました。

　南円堂は、西国三十三所の第9番札所として知られる八角形のお堂ですが、この場面は、後の時代に塔を建立するために堂の周りを掘ったところ、大師が埋めた鎮壇具が掘り出された場面を描いています。

さて藤原氏は藤原不比等の四人の息子達にルーツを持つ藤原四家（南家・北家・式家・京家）に分かれていましたが、奈良末〜平安初期にかけて、冬嗣の北家は他家の後塵を拝する状況にありました。しかし冬嗣以降、北家は急速に力をつけ、息子の良房は清和天皇の外戚として後の道長に続く摂関政治の礎を築くなど、藤原北家は繁栄を極めることになります。

また大師は東大寺の中に真言院を建立し、他にも大安寺の別当となったとも伝えられるなど、南都仏教の寺院と友好的な交流を行っています。これは、大乗戒壇の設立をめぐって南都と対立した最澄師とは対照的です。

なお親王院本の南都関連説話では、東大寺に巨大な蜂が住み着き、人々を困らせていましたが、大師が東大寺に住むことになると、蜂が姿を見せなくなったとする説話（【東大寺蜂】）を記し、大師の神通力の非凡なさまを表現しています。

【勝地福田】

〔図表36〕大師が如意宝珠を埋めた室生寺

大師が師である恵果和尚から授けられた如意宝珠を室生山に収めたことが、大師の遺言と信じられた『御遺告』に記されています。

如意宝珠とは真陀摩尼ともいい、意のままに求める珍宝や衣食物を出し、

39

あらゆる苦を取り除く宝の珠のことです。『大日経疏』には如意宝珠（真陀摩尼）は諸宝の王であるという記述があり、密教において大変重要なものです。

　親王院本の説明文では、大師は衆生の不幸を憂いて室生山に宝を安置し、麓の仏隆寺も含めて弟子を住まわせ、天照大神や八幡大菩薩の神々もこれを日夜守護した、と記しています。つまりこの場面は室生の地であり、描かれる塔は、室生寺の五重塔かと思われます。

　室生寺は、女人禁制だった高野山に対し、女性の参詣が許されていたことから〈女人高野〉と呼ばれています。山号を宀一山と号しますが、〈宀一〉は〈室〉のうかんむりと〈生〉の最後の一画をあらわします。

　境内はシャクナゲの名所としても知られ、五重塔は 800 年頃の建立で、わが国の現存する塔としては、2 番目の古さ（最古の五重塔は法隆寺の五重塔）を持ちます。屋外の文化財指定された木造の五重塔としては、わが国で最も小さい五重塔でもあります。

〔図表 37〕室生寺五重塔

　このように大師は神々を大切にまつり、それに対して神々も密教（寺院）の守護を約束するなど、両者の良好な関係を親王院本からはうかがうことができます。

　このような仏教と神々の結びつきを〈神仏習合〉と呼ぶことはすでに述べましたが、神仏習合によって仏教はより深く日本の社会に根づくことができ、また神々への信仰（神祇信仰）も、仏教（仏道）や密教の教説を依用することによって素朴な信仰から理論化された〈神道〉へと発展していきます。

Ⅵ 高野山の開創

【高野尋入】・【巡見上表】

〔図表38〕2匹の犬を連れた猟師と出会う

　弘仁7（816）年初夏に、密教の修行にふさわしい場所を尋ねて大和国宇智郡（現在の奈良県五條市周辺）にやってきた大師は、白と黒の2匹の犬を連れた猟師に出会います。

　そこで大師は「あなたは日頃から岩をよじ登り、山野を駆け抜けておられることでしょうから、どこか幽玄なる聖地をご存じないでしょうか」と尋ねたところ、「私は南山の犬飼と申す者です。周りを山々に囲まれ、水も流れ、また神秘的な雲が立ちこめ、夜には神聖な光を放つ場所が、紀伊国伊都郡にあります。あなたが来て下さるなら、お手伝いしましょう」と言って、2匹の犬に道案内をさせるために解き放ったところが、まさにこの場面です。

　この話の元となる説話が康保5（968）年頃に成立した『金剛峯寺建立修行縁起』（『弘法大師伝全集』1）に記されていて、他にも平安末期に成立した説話集である『今昔物語集』にも登場します。

　その後、大師は紀ノ川のほとり（現在の九度山町にある慈尊院付近）で犬と再び出会い、犬の案内で山を登ったところ、細い川が流れる平原の地（現在の高野山）にたどり着きます。その地形はまるで東西には龍が伏すがごと

〔図表39〕 2匹の犬に案内されて、高野へ向かう

く、南北には虎がうずくまるようなものでした。

　密教の修行の地としてふさわしいと考えた大師は、早速嵯峨天皇にかの地を下賜されるよう願い出ます。これに対してわずか半月あまり後にはこれが許可され、大師は高野山の開創に着手することになります。

【丹生託宣】

〔図表40〕 高野の地を譲られる

　大師が2匹の犬に導かれて高野山を目指すその道の途中に、地主の神である丹生大明神（丹生都比売命）を祀る社（現在の天野大社）がありました。

42　第1章　弘法大師空海 ―弘法大師空海とはいかなる人物か

大師がそこで一泊し拝礼していると、大明神から先に出会った猟師は息子の高野大明神であり、大師に高野の地を譲る旨の託宣が下されました。

この場面で社が二つ描かれていますが、これらは丹生・高野両大明神の社であると思われます。

第3章でも述べますが、高野山では壇上伽藍や、奥之院の御廟脇に両大明神を祭祀する社が建ち、現在でも地主の神として篤く祀られています。高野山の年中行事の中に両大明神を祭る儀礼が組み込まれ、特に〈竪精〉と呼ばれる論義法会では、両大明神の御前で真言密教の教学に関する問答を行い、その成果を両大明神に披露することにより、法楽をささげています。

また高野山の内外を見渡してみても、両大明神のみならずさまざまな神祇を祀る社や祠がいたるところにあります。「V大師と神々」のところでも触れましたが、真言密教と神々は切っても切れない関係にあり、高野山も地主の神のお墨付きを得て開創されたことが明示されるわけです。

ところでこの説話の背景には、丹生都比売命を祀る丹生氏などの地元の人々の協力や援助を得ることができたことがあったとも考えられていて、大師の人脈の広さと活動の一端を垣間見ることができます。

【三鈷宝鈅】

〔図表41〕 唐から投げた三鈷杵が見つかる

朝廷から高野の地を下賜せられ、また地元の人々の理解と協力を得て、いよいよ大師は本格的に整地や伽藍の建立に取りかかりました。すると帰朝の際に、かの明州の港から空に向かって投げた三鈷杵が、松の木の枝に引っかかっているではありませんか！

大師は歓喜して、この地が密教の根本道場に相応しい場所であることを確

43

信していたところ、今度は大塔建立予定地から長さ５尺（約１５０センチメートル）ばかりの宝剣が土の中から掘り出されました。このことから、高野の地はかつて仏が巡ってこられた旧跡であることの証であることが明らかになり、銅製の筒に入れて、再び埋め戻しました。

また三鈷杵が引っかかっていた松の近くに自らが居住するための庵室をつくり、これがのちの御影堂となったことを記しています。

なお飛行三鈷杵を龍猛菩薩から相伝され、恵果和尚から大師へと伝えられた「五宝三昧耶杵」（『御請来目録』に所載）と見て、その伝説を読み解こうと試みる研究もあります。

【大塔建立】

〔図表42〕 壇上伽藍の様子

大師は高野山に〈南天鉄塔〉を模した仏塔を建立する誓願を立てていました。南天鉄塔とは、大日如来が金剛薩埵に『大日経』と『金剛頂経』を授けたと伝わる、南天竺（南インド）にあるとされる伝説の塔です。

その大師の立てた誓願とは、「大唐より帰国するとき、度々嵐によって漂流する目に遭い、些細な願かけをしました。無事に日本に帰り着きましたなら、必ずや諸天の威光を増すようにし、国家を鎮護し、衆生を救済するための寺院を建立し、密教の教えにしたがって修行いたします。ですから、どうか善なる守護神よ、我々を守り、早く日本に到着いたしますように」（『高野雑筆集』上）、というものです。

大師はこの誓願に基づき、すでに弘仁６（８１５）年に『勧縁疏』（『性霊集（補闕抄）』９）と呼ばれる、密教の経典などの書写を徳一師などに依頼するなど、一歩ずつ密教を弘める準備をしていました。そしていよいよ高野の地を密教の根本道場とするために、弘仁９（８１８）年１１月に高野山に登り、伽藍の配置計画を定め、結界法を修して、本格的な堂宇の建立に取り

かかります。

　それでは大師が計画した伽藍とは一体どのようなものであったのでしょうか。親王院本に描かれる壇上伽藍は、親王院本が描かれた南北朝期以降と思われる様子を描いていますが、当初大師が計画した伽藍配置は、南から中門・講堂（現在の金堂）・僧坊を並べ、東西にそれぞれ大塔と西塔を配置するものでした。大塔は『大日経』に基づく胎蔵、西塔は『金剛頂経』に基づく金剛界を象徴する塔です。

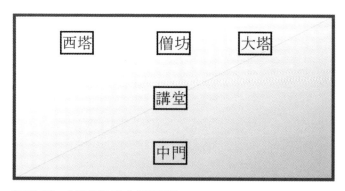

〔図表43〕　大師が計画した伽藍配置

　ただし、経済的・地理的条件による問題などから、実際に大師の計画した伽藍がすべて完成するのは、大師が入定してから約50年あまりもたった仁和3（887）年のことです。さらに親王院本にあるような壇上伽藍の堂塔が整備されるのは、後の時代のことです。

Ⅶ　鎮護国家・衆生救済の活動

【東寺勅給（とうじちょっきゅう）】

〔図表44〕　東寺を給わる

45

この場面は、弘仁14（823）年に藤原良房を勅使として、東寺を大師に給預されたところです。史実として天長元（824）年6月、大師は東寺を造営する責任者である別当に任じられています。東寺は造営から30年が経過しても、未だ金堂しか完成していませんでした。
　大師は講堂の羯磨曼荼羅や五重塔初層の金剛界四仏を祀り、真言宗の僧侶のみが居住することを許したほか、東寺を〈教王護国寺〉と名づけるなど、密教寺院としての体裁を整えていきます。

〔図表45〕　東寺

　その目的とは、真言密教によって都や国を護ることであったことは言うまでもありません。そのため親王院本では、天長2（825）年4月に大師は仁王経法を修して鎮護国家を祈った説話（第8巻【仁王経法】）が挿入されています。
　仁王経法とは、不空三蔵が新たに訳した『仁王経』に基づいて行われる秘法で、講堂の羯磨曼荼羅もこの経典や『金剛頂経』などに基づいて安置されています。

【神泉祈雨】

〔図表46〕 神泉苑にて雨を祈る

　天長元（８２４）年、大師は淳和天皇の勅命により祈雨法を修しました。これに先んじて、興福寺の守敏師が雨を祈りましたが、わずかに京中を潤すだけでした。そこで大師の出番となりましたが、７日祈っても全く雨が降りません。これを不審に感じた大師がよくよく念を凝らしてみると、守敏が呪力を以て雨をもたらす龍たちを水瓶の中に閉じ込めていたのです。ただし善如龍王だけが閉じ込められていないことがわかったので、大師は龍王を呼び寄せて祈ったところ、雨が三日にわたって降り続き、干ばつが解消されたといいます。

　大師が雨を祈ったとされるのは、神泉苑というところであり、現在の二条城の南に位置し、かつては内裏に接して造営された禁苑（天皇のための庭園）でしたが、大師が雨を祈った場所とされたことから、以後何度も祈雨が行われました。

　その中でも、特に雨僧正の異名を持つ仁海僧正（９５１―１０４６）は生涯で９度の請雨を祈り、いずれも効験があったと言われています。

　ところで大師の邪魔をした守敏師ですが、勤操師らに三論・法相を学び、さらに密教にも通じており、のちには西寺（東寺と対になる平安京の寺院）を与えられたとも言い伝えられる人物です。詳しい人物像は全くわかっていませんが、親王院本（【神泉祈雨】以外に、第３巻【守敏護法】、第８巻【守敏降伏】）だけでなく、後世の説話集にもたびたび大師のライバルとして登場しています。

【後七日法】

〔図表47〕 鎮護国家を祈る

　大師は天皇や貴族をはじめとした国の中枢を担う人物と交流し、数々の法会を行ったことで知られています。いわゆる〈薬子の変〉では、鎮護国家のための修法が高雄山寺で行われたことが「国家の奉為に修法せんと請う表」(『性霊集』4)で知られ、また親王院本では、病気となった嵯峨天皇のために病気平癒の護摩法を修す場面(第7巻【皇帝御祈】)や、天皇に『般若心経』の功徳を講義する場面(第7巻【秘鍵開題】)、さらには天皇に灌頂を授ける場面(第7巻【皇帝受法】)などが描かれ、密教僧としての天皇との交流も強調しています。
　この場面で描かれているのは、特に鎮護国家や玉体安穏を祈る法会である後七日御修法であります。元日から7日までの節会の後の8日〜14日の間に修法されることから後七日といい、承和元(834)年に宮中において始行され、中断された時期もありましたが、現在でも東寺に場所を移して行われています。
　大師はそれまで恒例として行われていた宮中御斎会の読経が、「薬の名称や効能、用法などを記した説明書を読んでいるだけであり、それに対して密

48　第1章　弘法大師空海　—弘法大師空海とはいかなる人物か

教の修法は処方箋によって実際に薬を調合し服用する方法である」(『性霊集(補闕抄)』9)ことを述べています。

ただ大師のこのような活動を、出世欲に駆られ権力に近づいた俗物であるとの偏見をもって、特に近代の知識人達によって語られたこともありました。

しかし大師が言う〈国〉とは、朝廷や政府といった統治機構だけを指すのではなく、必ずそこに住まう人々が根底にあります。密教は不空三蔵や恵果和尚以来、皇帝や国家を守護し鎮護するとともに、その国土で生きるすべての衆生が安穏に暮らし救済されることを常に祈り実践していたのです。

大師によるその実践の具体的な活動が、満濃池の修築や綜藝種智院の開設などであります。

満濃池とは、現在の香川県仲多度郡にある灌漑用のため池であり、度々決壊していた堤防を大師が別当となってわずか三か月で修復したことが知られています。

〔図表48〕 満濃池

また綜藝種智院とは、藤原三守から邸宅の寄進を受けて開設された、わが国最初の一般民衆をも対象にした学校であります。実際に開設されたか否かは未だ議論が尽きていませんが、その設立趣意書である「綜藝種智院の式」(『性霊集(補闕抄)』10)には、仏教だけでなく儒教や道教も含めた総合教育、身分や貧富を問わない教育の平等、教師と生徒に食事を提供する奨学制度など、約1200年前とは思えない先進的な教育方針が打ち出されています。

49

Ⅷ 御入定

【門徒雅訓】
もんと がきん

〔図表49〕 弟子達に遺言する

　天長から承和へと年号が変わる頃、大師は真言宗教団が高野山と東寺を中心にして永続していくための活動を精力的に行っています。それには自らの病を煩っていたこともあるでしょうが、天長9（832）年に「虚空尽き、衆生尽き、涅槃尽きなば、我が願いも尽きん」との願いが込められた高野山の万灯会、承和元（834）年に後七日御修法が始行せられ、また東寺に毎年三人ずつ得度を行うことが許されたり、高野山が定額寺となるなど、次々と基盤固めの手を打っていきます。定額寺の定義は複数あるようですが、官寺に準じて、毎年一定の供養料が国から支給されるなどの寺院をさすようです。

　そして一連の大師の行動は、「ただならぬ気配を感じさせる」（石田尚豊『空海の起結』、55頁）とまで評されるほどです。

　そのような中、大師はいよいよ弟子達に別れの時が近いことを告げ、弟子達に遺言した場面が【門徒雅訓】です。

　この場面の詞書きには、高野山が弟子の真然（804？－891）大徳に託されたことを記しています。大徳は大師の甥にあたり、その後の高野山の伽藍整備・管理に力を注ぎました。現在の金剛峯寺に真然大徳の御廟があります。

【入定留身】
にゅうじょう る しん

〔図表50〕 大師を奥之院へ運ぶ

　承和2（835）年2月15日、前月に宮中で後七日御修法を終えたばかりの大師は、高野山において弟子達に重ねて遺言を残します。それは「私は3月21日に入定する。弟子達よ、嘆き悲しんではいけない。私の顔を直接見ることができないとしても、心ある者は必ず私の名号を聞いて、仏が衆生を救済される恩徳のいわれを知って修行に励みなさい。私は五十六億七千万年の後に必ずや弥勒菩薩と共に下生する。それまでの間、弟子達の様子を雲の合間から常に見守っているから」というものでした。

　大師はすでに天長9（832）年から穀物を断ち、専ら瞑想に励んでいたと伝えられ、いよいよ入定の時を迎えます。

　この場面は、弟子達が涙を拭いながら大師を奥之院へと運んでいる場面です。いくら嘆き悲しむなといわれても、弟子達の心は今にも張り裂けそうであったことでしょう。

　実は大師も弟子の智泉（789－825）師を亡くしたときに「哀しい哉、哀しい哉、哀が中の哀なり。悲しい哉、悲しい哉、悲が中の悲なり。覚りの朝には夢虎無く、悟りの日には幻象無しと雖も、然れども猶夢夜の別れ、不覚の涙に忍びず」と、その悲しみを率直に述べています。

　智泉師は大師の甥であり、幼いときから大師に仕えた弟子でした。高野山の造営にも尽力し、当時の真言宗教団の中心人物であったと思われます。そんな智泉師を早くに失った大師の嘆き悲しみは、かなしくて、かなしくてと、くり返し述べることからも察するに余りあります。愛弟子を失った大師と同じく、大師を失った弟子達もまた〈不覚の涙〉を禁じ得なかったことでしょう。

51

【贈大師号】

〔図表51〕 入定のお姿

　大師の生前中の役職は〈大僧都〉でありましたが、入定後の天安元(857)年に〈大僧正〉、貞観6(864)年に〈法印大和尚〉の位を贈られました(第9巻【贈位官符】)。さらに延喜21(921)年10月に、〈弘法大師〉の大師号が勅許されました。

　大師号の下賜を願い出たのが、東寺長者(長官)の観賢(854?―925)僧正です。当初は〈本覚大師〉の名を賜るように申請していましたが、最終的には〈弘法大師〉となりました。

　この場面は、観賢僧正と弟子の淳祐(890―953)内供が、大師号を賜ったことの報告のために奥之院の石窟の扉を開けたところです。ところが絵図にも書かれていますが、霞がかかり淳祐師には大師の姿を見ることができません。そこで観賢僧正が淳祐内供の手を取って、大師の膝に触れさせました。するとその膝は温かく、また香木のような何とも言えないよい香りが手に移り、一生消えることがなかったといいます。そのため、後に淳祐内供が書写した経典にも同様の香りが移ったことから、これらの経典類は〈匂いの聖教〉とか〈薫りの聖教〉と呼ばれ、現在では国宝として石山寺に所蔵されています。

　また観賢僧正は、大師の伸びた髪を剃り、ボロボロの御衣を新しく醍醐天皇から贈られた御衣に取り替えました。この故事にもとづいて、現在でも毎

年３月１７日に高野山の塔頭寺院である宝亀院において、新たな御衣（前年の秋頃より、同院の井戸水によって何度も繰り返し染められた生地でつくられた檜皮色の御衣）が加持され、大師が入定された３月２１日に行われる正御影供の際に大師に献上されます。

これは入定された大師が再生し、その力を更新することを意味し、大師が今も我々を見守り、寄り添ってくださっていることをあらわしているのです。

2　弘法大師の教えと著作
―弘法大師はどんな教えを説いたのか

大師の著作は、古来より写本や刊本によって近世まで伝えられてきました。それが明治年間に、当時の真言宗の学者や碩学達によって『弘法大師全集』（祖風宣揚会）として刊行され、近代の弘法大師著作研究の端緒となりました。

現在では、近代の学術研究によって得られた成果を基にして、大師の真撰を選んで収めた『定本 弘法大師全集』（高野山大学密教文化研究所）によって、我々は活字としてその内容を見ることができます。

また『弘法大師全集』や『定本弘法大師全集』が漢文そのままであるのに対し、『弘法大師空海全集』（筑摩書房）や『空海コレクション』（ちくま学芸文庫）では、書き下しと現代訳によってその教えの内容を知ることも可能です。

次に、具体的に大師が記した著作を通して、大師が説いた教えの数々を見ていきたいと思います。

○『御請来目録』

大師が入唐した際に持ち帰った経典や法具類の目録であり、朝廷に対する報告書とも言えます。それによれば、新訳経典等１４２部２４７巻、梵字・真言讃等４２部４４巻、論疏章等３２部１７０巻、その他曼荼羅や尊像１０鋪、道具９種、阿闍梨付嘱物（仏舎利や袈裟など）１３種を挙げていて、大師の入唐留学の成果を見ることができます。

なお最澄師が大師より借用して写したと考えられている最澄師自筆の『御

請来目録』が東寺に現存しており、国宝に指定されています。

　また天台宗の安然(あんねん)(841?―915?)師は、大師だけでなく最澄師なども含め平安初期に入唐した8人の僧(入唐八家(にっとうはっけ))の目録を集成して『八家秘録(ひろく)』を著しています。

○『付法伝(ふほうでん)』類

　広・略の2種類があり、真言密教の起源とその伝来を説いています。特に大師までの密教の相承系譜である大日如来(だいにちにょらい)・金剛薩埵(こんごうさった)・龍猛(りゅうみょう)菩薩(ぼさつ)・龍智(りゅうち)菩薩(さつ)・金剛智(こんごうち)三蔵(さんぞう)・不空(ふくう)三蔵(さんぞう)・恵果(けいか)阿闍梨(あじゃり)(加えて『略付法伝』では、善無畏(ぜんむい)三蔵(さんぞう)と一行(いちぎょう)禅師(ぜんじ))の事績や伝記を記していて、大師に伝えられた(と考えられた)密教の系譜がどのようなものかを知ることができます。

　ただし『略付法伝』は、大師撰述の可能性が低いことが近年の研究で指摘されています。

〔図表52〕　　　龍猛　　　　　龍智　　　　　金剛智　　　　　不空

〔図表53〕　　　空海　　　　　恵果　　　　　一行　　　　　善無畏

○『十住心論』

　大師が淳和天皇の勅詔にしたがって、真言宗の教えを述べた教判書です。教判とは教相判釈の略称で、仏教の多数の教説を整理して位置づけ、自らの教説を明確にすることであります。

　なお勅詔が他宗にも発せられていて、真言宗の他に華厳宗・天台宗・三論宗・法相宗・律宗からもそれぞれ書物が提出されています。これらの書物は、当時の年号から〈天長の六本宗書〉と呼ばれています。

　さて『十住心論』に説かれることは、まさに〈十住心〉の思想です。十住心とは、心や境地を①異生羝羊心、②愚童持斎心、③嬰童無畏心、④唯蘊無我心、⑤抜業因種心、⑥他縁大乗心、⑦覚心不生心、⑧一道無為心、⑨極無自性心、⑩秘密荘厳心の１０段階に分類したものです。

　真言密教の根本経典である『大日経』には、迷える人々が菩提心を開いていくことで成仏に至るプロセスとも言える住心思想が説かれています。大師は『大日経』に説かれるこの住心思想をベースとして、当時の仏教諸宗のみならず、インドや中国の思想をも当てはめて、『十住心論』を説いています。

異生羝羊心	欲望や本能に支配される段階	一向行悪行
愚童持斎心	倫理・道徳に目覚めた段階	人　　乗
嬰童無畏心	仏教以外の宗教に目覚めた段階	天　　乗
唯蘊無我心	無我の境地に達した段階	声聞乗
抜業因種心	煩悩は滅するが、慈悲がない段階	縁覚乗
他縁大乗心	慈悲が生じ、唯識をさとる段階	法相宗
覚心不生心	すべてが空であるとさとる段階	三論宗
一道無為心	すべてが清浄で唯一であるとさとる段階	天台宗
極無自性心	顕教の極意をさとる段階	華厳宗
秘密荘厳心	真理の世界と一体となる段階	真言宗

その配当は表にあげた通りですが、特に『十住心論』では第十住心だけでなく、第一から九の住心もまた密教の住心であるとの包括的な立場（九顕十密）をとります。

○『般若心経秘鍵』1巻

大師による『般若心経』の解説書です。『般若心経』は日本で最も親しまれ、読誦や写経が盛んに行われています。

一般的に『般若心経』は、『大般若経』という〈空〉の思想を説く膨大な経典のエッセンスを説いた経典であるとされます。ただし大師の『般若心経』に対する見解は、一般的なそれとは大きく異なります。大師は『般若心経』とは『大般若経』の要約ではなく、「般若菩薩のさとりの境地」を説いたものであり、あらゆる教えが込められていると説きます。さらにその主体は「掲諦掲諦　波羅掲諦　波羅僧掲諦　菩提薩婆訶」という真言（咒）にあると主張するのです。

このように大師は、『般若心経』とは読誦や写経によって「一切の苦厄から救ってくれる」だけでなく、仏教の教えを包括した密教の教えを説く（真言を主体とした）聖典であると見なしているわけです。そのため大師は『般若心経秘鍵』の中で、真言について次のように述べます。

> 真言は不思議なり。観誦すれば無明を除く。
> 一字に千理を含み、即身に法如を証す。

つまり真言とは我々の思慮でははかりしれない力を持っていて、観想したり読誦すれば迷いや苦しみが取り除かれるが、それは真言の梵字それぞれ一字ずつにたくさんの真理が含まれているからであり、そのため真言の力によって自身そのままにさとりを証得することができる、というのです。

このように『般若心経秘鍵』は、大師の真言や文字（梵字）に対する考えをうかがうことができる大切な書物ですが、ただし全く問題がないわけではありません。『般若心経秘鍵』の最後に上表文が付されていますが、これは後世の付加と考えられています。

56　第1章　弘法大師空海 ―弘法大師空海とはいかなる人物か

○『即身成仏義』1巻

　大師の最も重要な教義である〈即身成仏〉を説く書であり、その教えは日本の思想や文化に大きな影響を与えています。

　即身成仏の語自体は、すでに中国の天台宗やそれに連なる最澄師らによって既に論じられていました。

　しかし大師は『即身成仏義』の中で、『大日経』や『金剛頂経』、『菩提心論』の中から８ヶ所の典拠（これを〈二経一論八箇の証文〉といいます）を引用し、独自の即身成仏説を説きます。それを韻律というある種のリズムなどを伴った詩文形式でまとめられたものが次の通称「二頌八句」です。

六大無碍にして常に瑜伽なり　四種曼荼各離れず
三密加持すれば（して）速疾に顕る　重々帝網なるを即身と名づく
法然に薩般若を具足して　心数心王刹塵に過ぎたり
各五智無際智を具す　円鏡力の故に実覚智なり

　一般に仏教では、三劫成仏といって成仏に非常に永い時間を必要とします。三劫の〈劫〉とは正確には〈劫波〉といい、梵語の〈カルパ〉の音写です。譬えとして、何年かに１度舞い降りてきた天女が羽衣で超巨大な岩をなで、その岩がすり切れてなくなってしまうまでの時間であるとされます。この譬喩は、落語の『寿限無』にも「五劫のすり切れ」として登場しますが、現代でも〈億劫〉や〈永劫〉などの言葉として使われています。

　一方、それに対して即身成仏は生まれながらのこの身このままで速やかに成仏が可能であることを説きます。それは何故かと言えば、仏も衆生も万物はみな同じ六大（地・水・火・風・空・識）という本質を持つからであり、その姿は例えば曼荼羅は四種（大・三昧耶・法・羯磨）あるけれども、それは表現方法の違いがあるだけで、すべて仏の真実の様相を表しているのだから、衆生も三密（身・口・意）を用いて修行を行うことによって、即座に自身に顕し出すことができると説かれるからです。

　つまり実は気づいていないだけで我々は元から仏と同じ本質を持つ存在で

あり、修行によって我々と仏の本質は等しいものであることに気づき、それを速疾に自身そのままに顕現することを説きます。そしてその理論と実践を説くおしえこそが密教であるというわけです。

なお六大のうち五大（五輪）を具現化したもの（識大は具現化されていませんが、実際には併せ持っている）として、五輪塔がよく知られています。

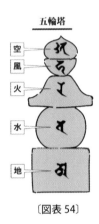

〔図表54〕

○『声字実相義』1巻

大師は、仏が衆生を導くのには必ず言葉や文字によらなければならないと説きます。ただ大師の言う言葉と文字（声字）とは、眼で見えるもの、耳に聞こえるもの、鼻で嗅ぐ香りなどの感覚や認識されるすべてのものをいいます。すなわち、大師にとって森羅万象の活動すべてが、文字であり、言葉であり、この場合の文字や言葉とは、我々が考えているような、漢字やアルファベットなどの文字と言った狭い意味での文字や言語だけではなく、形そのもの、または色や音、そして動きなども含んでいます。これを大師は次のように表現します。

> 五大に皆響き有り　十界に言語を具す
> 六塵悉く文字なり　法身は是れ実相なり

つまり、大師にとって森羅万象すべての活動は、単なる文字や言語ではなく、実は仏の言葉や文字そのもの、言い換えるならば仏（法身）の説法や活動であり、実相（真実のありのままの姿）であることを主張するわけです。

　その意味では、我々は常に仏の説法を目にしたり、耳にしたりしていることになります。そしてこれに気づくことができる者がさとりを得た者であり、気づかない者が迷える衆生ということになるわけです。

　また大師は前節で触れたように、「谷響を惜しまず、明星来影す」との体験をしたことを記していますが、「明星が自分の元にやってくる」という常識ではあり得ない体験もまた、大師にとっては真実ありのままの〈実相〉であったと言えるでしょう。

○『吽字義』1巻

　吽字とは、梵字の〈ﷻ〉（正確には、フーム）を指します。大師は、この吽字を〈字相〉と〈字義〉の面から解釈します。字相とは文字の成り立ちなどを含め表面的な意味であるのに対し、字義とはそこに秘められた深い意味を問うものです。

　大師は字相の解釈において、吽字を訶（ﷻ）・阿（ﷻ）・汙（ﷻ）・麼（ﷻ）の四文字に分解し、字義ではそれぞれの文字に因不可得・諸法本不生・損減不可得・吾我不可得の義があり、それぞれが法身・報身・応身・化身という仏の身体に配当されるなどと説きます。

　また大師は吽の一字を例にして、文字や言葉には仏の教えのはたらきが現されている、むしろ仏の説法そのもの（法身説法）であることを述べます。

> 此の一字を以て通じて諸経論等に明かす所の理を摂することを明かさば、且く大日経及び金剛頂経に明かす所、皆此の菩提を因と為、大悲を根と為、方便を究竟と為の三句に過ぎず。

　これは吽の一字に諸経論に説かれる密教の教えが幾重にも重なるように包含されていることを意味し、その教えとは「我々が元々持っている仏の心（あるいはそれを求める心）をもととし、大いなる慈悲を根本とし、衆生救済の

59

実践を究極とする」（三句の法門）ことに尽きることを仏は説法されているのだ、と述べているわけです。

　つまり自らが仏として、世の中のすべての生きとし生けるものを思いやり、そしてそのための実践活動を行うこと、これこそが究極であることを大師は主張し、実践すべきことを説いたのであります。

　また大師の言う生きとし生けるものとは、何も人に限ったことではありません。『吽字義』では、「草木也成ず、何に況んや有情をや」という一文に象徴されるように、草木という植物すら成仏するのだから、まして我々衆生が成仏しないことなどあり得るだろうか！　と主張します。大師の教えは力強く、そして確信に満ちています。

　ところで『即身義』・『声字義』・『吽字義』の３巻は、特に教学における重要書であることから、「三部書」と呼称されています。伝統的には、それぞれに密教の身口意の聖なるはたらきである身密・口密・意密を配当して解釈しています。例えば『吽字義』は意密の意義を解釈しているとされるわけです。

○『弁顕密二教論』２巻

　大師が持ち帰り、自ら主張する教えである〈密教〉と、それまでの仏教である〈顕教〉を比較し、密教が優れた教えであることを主張した教判書であります。

　大師はその根拠として、『金剛頂経』・『大日経』・『瑜祇経』・『入楞伽経』などの６種の経典と、『菩提心論』・『大智度論』・『釈摩訶衍論』の３種の論書を用いています。これらを用いて、①法身説法（どんな仏が説法するのか）、②果分可説（さとりの境地をことばで説けるのか）、③即身成仏（成仏のスピードは速いのか）、④教益の勝劣（どんな御利益があるのか）などを論じています。

　この中で①法身説法とは、顕教は報身である阿弥陀如来や応身である釈尊が説いた教えであり、密教は（さとりそのものを人格化した）法身である大日如来が直接説いていることを指します。つまり顕教ではさとりそのもの（法）とそれを説く尊格（仏）は別ですが、密教ではそれが同一の存在として直接語りかけてくるわけです（詳しくは『声字実相義』の解説をご覧くだ

さい）。

　また②果分可説とは、顕教ではさとりの境地を言葉で説くことはできないけれども、密教では真言や種子（梵字）などによって説くことができることを指します（詳しくは『吽字義』の解説をご覧ください）。

　さらに③即身成仏では、顕教の成仏が三劫という途方に暮れるほど永い時間がかかるのに対し、密教ではこの身このままで成仏ができることを述べ、即身成仏の速疾性を強調します（詳しくは『即身成仏義』の解説をご覧下さい）。

　そして④教益の勝劣とは、密教の教えによってさまざまな重罪を犯したものでさえも救われることを指します。大師は、唐でインドの宗教事情や梵語を習った般若三蔵が新たに訳した『六波羅蜜経』を引用して、密教の教えが五味でいうところの醍醐に当たることを述べています。

　五味とは、『涅槃経』で牛乳を精製し熟成されて味が深まるように、仏教の教えの深みを味に喩えたもので、乳味・酪味・生酥味・熟酥味・醍醐味を指します。現在でも〈醍醐味〉という言葉を使いますが、醍醐味とは最上のものという意味で、密教をこれに当てているわけです。

○『秘蔵宝鑰』3巻

　『十住心論』と同じく十住心思想を説く教判書です。ただし広論と呼ばれる『十住心論』に対し、『秘蔵宝鑰』は略論と呼ばれ、分量も５分の１程度です。

　また両書にはいくつかの差異も見受けられ、例えば『秘蔵宝鑰』では、五重問答という『釈摩訶衍論』の引用や、第四住心に十四問答と呼ばれる問答が見られますが、これらの記述は『十住心論』には見当たりません。また『十住心論』が顕教をも密教に包括する九顕十密の立場をとるのに対し、『秘蔵宝鑰』ではむしろ各住心の違いを際立たせていることから、九顕一密の教判論とも言われています。

　伝統的には、『十住心論』があまりに大部であったために、あらためて略論としての『秘蔵宝鑰』を再提出したと言われてきましたが、確証はありません。ただ内容的には、まず『十住心論』が成立し、のちに『秘蔵宝鑰』が著されたと考えられそうです。

61

近年では、中世以降の多数の註釈書を参考にしつつ、『秘蔵宝鑰』を新たに問い直す研究（その成果が『高野山大学密教文化研究所紀要』の別冊として発表されています）も行われています。

　なお『般若心経秘鍵』から『秘蔵宝鑰』までの合計９巻に、龍樹造・不空訳と伝えられる『菩提心論』１巻を足して、伝統的に『十巻章』と呼ばれています。『菩提心論』は大師の著作ではありませんが、大師の著作の中で特に大事な教えが説かれている著作が『十巻章』として収録されています。大師の著作等を集めて『十巻章』と称したのは、江戸中期の頃と考えられていますが、現在でも高野山大学などでは、『十巻章』を使って、素読や講義が行われています。

　ところで『十巻章』も含めて、そのタイトルを見てみると、「義」と「論」が使い分けられていることは注目されます。「義」は真言宗内に向けて真言密教の教義や宗義、深い意味を説くもの（講義録？）で、「論」は、密教と顕教との違いなどの教相判釈や密教の立場を表明するものとなっています。また「宝鑰」や「秘鍵」といった言葉にも、それぞれ一様ではない解釈があることを付け加えておきます。

○『開題』類

　開題とは、題を開く、つまりお経の題名を分析し解釈することで、その経典全体の意義や内容を説かんとするものです。

　現在まで、『大日経開題』（７本）、『金剛頂経開題』（１本）・『教王経開題』（１本）、『理趣経開題』（３本）、『仁王経開題』（１本）、『法華経開題』（３本）、『梵網経開題』（１本）、『最勝王経開題』（１本）、『金剛般若経開題』（１本）、『一切経開題』（１本）が伝えられています。この中で『大日経』に関するものが最も多いものの、偽作を疑われているものも含まれている点には注意が必要です。

　各『開題』は、追善法要など（での講演）に資料として用いられていたものと考えられ、経典の講説による功徳によって亡者の回向を祈るとともに、聴衆に対して密教の教えが何たるかを説く、大師の布教の一端を担ったものと思われます。

○『三昧耶戒序』、『秘密三昧耶仏戒儀』、『平城天皇（太上天皇）灌頂文』など

　そもそも仏教においては、守らなければならない規範や規則があり、戒律と呼ばれます。

　ただし本来、戒と律は別々のもので、戒とは仏教徒が守るべき自らの道徳規範や誓願を指すのに対し、律は出家修行者が守るべき集団の規則のことであり、破れば罰則が与えられるものです。

　この中で三昧耶戒とは、灌頂などに先立って、密教を学ぶ者が受けるべき戒です。

　三昧耶にはさまざまな意味があり、『大日経疏』に説かれる「平等・本誓・除障・驚覚」が知られていますが、『平城天皇灌頂文』では『菩提心論』における「勝義・行願・三摩地」の三種菩提心と連関したと思われる「平等・本誓・摂持」の三義を説いています。

　つまり三昧耶とは、我々すべてが平等であって、自己と他者は同体であるという想いから慈悲の心を持って利他の願いを起こし、実践として人々を救済することであります。これは〈同体の大悲〉ということであり、真言密教とは自らがさとりを求めるだけでなく、実際に人々を救済する実践の教えであることをあらわしています。

　『三昧耶戒序』は、『秘密三昧耶仏戒儀』の序文の意であるとされますが、三昧耶戒の作法を説く『秘密三昧耶仏戒儀』とともに偽撰を疑われています。

　また『平城天皇灌頂文』は平城上皇に対して灌頂を授けた際の三昧耶戒授戒の儀式の表白文（法会の趣旨や所願を神仏に表明する、美文調の文章）とされます。

　ただし元々はそれぞれ単独に成立した四つの文章をまとめて書写伝来したと推定されていて、特に最初の第一文は偽撰とする説が有力です。加えて第四文が『三昧耶戒序』と同文です。

○『梵字悉曇字母并釈義』、『文鏡秘府論』、『篆隷万象名義』など

　大師は梵語を入唐時に習い、梵字にも精通していました。そこで著されたのが、梵字の解説書である『梵字悉曇字母并釈義』であり、弘仁5（814）年に嵯峨天皇に献上されています。本来、梵字は表音文字であるため文字に

意味はありませんが、大乗仏教では一字一字に教理的な意味（字門）を持たせました。

これに則り、大師は例えば「𑖀(ア) 字は阿の音であり、無や不や非という否定の意味であるが、阿字はすべての法や教えの本であり、最初に口を開いたときの音はすべて阿の音であるから、〈一切諸法本不生〉の義をあらわし、諸教はすべてこの阿字から生まれ出た」と説きます。

また大師は〈五筆和尚〉と称され、〈三筆〉の一人としても知られている能筆家であります。さらに遣唐大使の代筆をつとめるなど、その漢文や漢詩の文才ぶりは誰しもが認めるところです。

『文鏡秘府論』はそんな大師の漢詩文に関する知識を知ることができるもので、漢詩文をつくるときに必要な文法や韻律に関する書物を集め、整理・編集した書です。そこに引用される書物の中には、現在すでに散逸してしまった書物もあり、それらを知る上でも貴重なものです。

なおその略本として『文鏡秘府論』を要約したとされる『文筆眼心抄』もあります。

〔図表 55〕 『古今文字讃』上巻（四天王寺大学図書館 恩頼堂文庫）

さらに大師がまとめた『篆隷万象名義』は、日本最古のいわば漢字辞典であり、さらに大師が嵯峨天皇に献じた後、行方不明となっていた『古今文字讃』と呼ばれる古い書体を集めた書物の写本が、近年発見された（大柴清圓「『古今文字讃』の研究―翻刻・校訂を中心に―」）ことなどから、大師がさ

まざまな字体(フォント)に通じ、自在に使いこなしていたことがわかります。

○『三教指帰』(『聾瞽指帰』)

　大師が儒教・道教・仏教を比較し、三教の中の仏教が最も優れた教えであることを述べた大師のデビュー作です。特に『聾瞽指帰』は大師の自筆本であるとされ、一般に『聾瞽指帰』は『三教指帰』の草稿と見なされています。

　両書の違いは特に序文と巻末の十韻の詩でありますが、いずれにしましても『聾瞽指帰』の序文に「延暦16年」の年号が見られることから、大師24歳のときの著作であることがわかります。

　文中には『荀子』や『抱朴子』、あるいは『文選』や『礼記』などの儒教や道教の書などの漢籍からの思想や引用がちりばめられ、さらに四六駢儷体と呼ばれる対句表現を多用した華麗な文体によって記されていることから、大師の若き日の見識の幅の広さには驚かされます。

　またその内容は戯曲風となっていて、儒教を説く亀毛先生(『聾瞽指帰』では龜毛先生)と道教を説く虚亡隠士、そして仏教を説く仮名乞児が順に不良息子である蛭牙公子を教え諭し、最終的に登場人物全員が仏教の教えに敬服することで、仏教の教えが最も優れていることを主張するものとなっています。

　このように儒教と道教と仏教の三つの教えを弁証法的なスタイルで仏教を

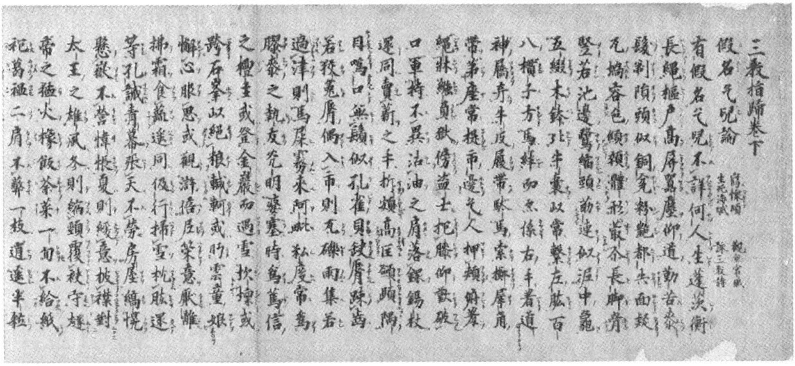

〔図表 56〕『三教指帰』(高野山大学図書館 金剛三昧院寄託)

65

宣揚していることから、日本最初の比較思想論と評されることもあります。

　さらに仮名乞児が大師自身をあらわし、登場人物も大師の身近な人々をモデルにしているともされ、特に自らに仮託した仮名乞児に仏教の素晴らしさを声高に主張させていることから、大師の若き日の出家宣言書であるとの見方もあります。

　ともかくも三教を比較し、包摂していく方法は、のちの『十住心論』などの十住心思想にもつながっていくものです。

　なお大師自筆とされる『聾瞽指帰』が高野山に現存していますが、これは最初から高野山にあったわけではなく、もとは仁和寺に収められていたものが流出し、これを天文5（1536）年に堺宿院の篤信家が私財を投げ打って入手し、高野山御影堂（みえどう）に納められたものです。

○『性霊集』（しょうりょうしゅう）（性霊集（せいれいしゅう）とも）、『高野雑筆集』（こうやざっぴつしゅう）など

　『性霊集』は、正確には『遍照発揮性霊集』といい、大師が作成した漢詩や碑文、願文などを集めた漢詩集で、合計111首が収載されています。

　大師の弟子である真済（しんぜい）（800―860）師によって編纂されていますが、真済師は学者や文人を輩出している紀氏出身で、詩文にも優れていました。また神護寺に住して、その発展に尽力し、真言宗で初めて〈僧正（そうじょう）〉に任ぜられたことから、高雄僧正や紀僧正（きのそうじょう）とも呼ばれた人物です。

　しかしながら『性霊集』は全10巻のうち、第8～10巻の3巻が散失してしまったために、承暦3（1079）年に仁和寺の済暹（さいせん）（1025―1115）師が散失した3巻を再収集して『続遍照発揮性霊集補闕抄（ぞくへんじょうほっきしょうりょうしゅうぶけっしょう）』として完結させました。

　また『高野雑筆集』は、大師の手紙や書状を集めたものです。編者は不明ですが、元々は『高野往来集』（こうやおうらいしゅう）と呼ばれ、石山寺の淳祐師が大師の遺文を集めて書写した『大師文章』（だいしもんじょう）を原型としていることも指摘されています。

　両書には重複も見られますが、大師がどのような人々と、どのように交流し、どのように密教の教えを深めていったのか、さらには大師自身の心の動きや動向を知ることができる、大変貴重な資料です。

3 小結 ―弘法大師の多様な事績

伝説が生まれたわけ

　第1章ではまず絵伝から大師の生涯を振りかえり、次に大師の著作を通じて大師の思想について見てきました。

　大師の生涯を描いた絵伝には、例えば「投擲三鈷」のように現代人からするとにわかには信じられないようなトピックもふんだんに描かれています。これをただの伝説だというのは簡単です。しかしそもそも何故このような伝説が生まれたのでしょうか。

　一つの理由としては、大師に連なる弟子達が祖師の偉大さをアピールするために、より神秘性を持たせようとしたことが考えられます。しかし大師の生涯を振りかえってみると、ただ伝説のみで飾り立てられたとは言い切れません。例えば入唐留学ではまさに奇跡と呼ばざるを得ない出来事や恵果との出会いが史実としてあり、さらにその著作からは書や漢詩に通じるなどの多彩な才能を見出すことができます。

　また大師は困っている人々のために祈り、そして満濃池の修築に代表されるような具体的な実践を行っています。大師が実践を重んじたことを表す言葉として、「どんなに優れた教えであっても、ただ唱えたり、口に出して言うだけならば、オウムにでもできる。口先ばかりで、実践が伴わなければ、それは猿が叫んでいるのと何ら変わらない」(『秘蔵宝鑰』中)と、手厳しい言葉を綴っています。

　ではなぜ大師はそのような祈りや実践に取り組んだのでしょうか。それは大師が書き残した著作を見れば一目瞭然です。簡単に言えば、煩悩にまみれた我々衆生は実はみな仏であり、迷いの世界であるこの世であってもそこは大日如来の浄土(密厳浄土)であり、曼荼羅の世界だからです。

　大師は「仏法、遙かに非ず。心中にして即ち近し」(『般若心経秘鍵』)と、「仏の教えとは、遙か遠くにあるものではない。我々の心の中にあって、きわめてちかいものである」ことを述べています。つまり真理やさとりとは全て自分の中に最初から存在しているのであり、外に求めるべきモノではないわけ

67

です。ですから真言密教における修行とは、何か不思議な力やいわゆる超能力を身につけるためのものではなく、我々が本来持っているものに気づくために行うものなのです。そしてそれはこの現象世界がとりもなおさず浄土に変わることにもつながります。

「変わる」と言っても、なにか大がかりな舞台装置が必要なのではなく、我々の視点というか見方、価値観を切り替えるだけなのです。逆に言えば、そうでなければ「即身成仏」は不可能です。

しかし、この世が仏の世界であると言っても、そんな馬鹿なことがあるか、と思うのが普通です。それに対して大師は次のような喩えを述べます。

医王の目には、途に触れて皆な薬なり。解宝の人は礦石を宝と見る。

（『般若心経秘鍵』）

すなわち、「（普通の人には雑草としか見えなくても、）すぐれた医者の目から見れば、道ばたに生える草がまさに薬草であることがわかる。鑑定ができる目利きの人がみれば、道ばたに落ちている石が貴重な鉱石であることを見抜くことができる」と説きます。

つまりこの世界の草や石が変わるのではなく、草や石もそれぞれのすばらしい価値を最初からもっているのであり、こちらがそれに気づかないだけのことなのだから、我々がそれに気づけば、この世はすばらしいもので満ちあふれている、と言ったところでしょうか。

草や木も石も人も、そして仏もすべての存在の本質は六大であり、だからこそ瞑想や修法などの三密行によって（自分の心身などを）徹見すれば、みな仏と成るわけです。このように大師の教えとは、みなが仏であり、仏と成れるものであり、だからこそ祈り、実践せざるを得なくなるわけです。

このような大師の奇跡的な事績や多彩な才能、そして実践的な教えにこそ、大師が〈お大師さま〉として尊崇される由縁があるのではないでしょうか。そのため、大師は今でも我々のために祈り、救済し続けてくれる存在となったのです。次章ではそんな弘法大師をとりまく〈伝説〉について、具体的に見ていきたいと思います。

第2章

弘法大師信仰
――弘法大師はなぜ信仰されるのか

1 入定信仰と御宝号念誦
　—大師はいつ入定し、
　　「南無大師遍照金剛」はいつから
　　お唱えされたのか

入定信仰

　第1章でも触れましたが、大師が〈大師〉となる、つまり空海という僧に朝廷から「弘法大師」の名が贈られたのは、延喜21（921）年のことです。東寺長者の観賢師が奏上し、醍醐天皇より賜りました。ですから正確には、弘法大師と呼ばれるのは、延喜年間以降となります。

　また日本で最初に大師号を賜ったのは、「伝教大師」の最澄師と、「慈覚大師」の円仁（794—864）師という共に天台宗の二人です。貞観8（866）年のことです。ですから、空海師はそれに50年以上遅れることとなり、当時の真言宗と天台宗の勢力差をうかがうことができます。

　さて弘法大師の諡号に関する説話については、先に挙げた絵伝以外にもいくつか興味深い話が伝わっていますが、それは後述することとして、ここでは大師の御入定について見ておきたいと思います。

　一般に、大師は奥之院で生きたままのお姿で禅定に入っておられ（入定）、今も我々を見守ってくださる、と信仰されています。このように大師が入定したといわれるようになるのは、康保5（968）年に仁海師が記したとされる（実際には仁海の師である雅真師の作とも言われる）『金剛峯寺建立修行縁起』からです。

承和二年乙卯三月二十一日寅の時、結跏趺坐して大日の定印を結び、奄然として入定したまう。（中略）日域の仏土は定めて是れ南山なり。若し思う所ある者は必ず彼の地に躋るべし。近くは大師懇心に志し、深くして彼れ終に入定したまう。（『弘伝全』1、55頁上・56頁上）

　『金剛峯寺建立修行縁起』は草創期の高野山を知る上で大事な書物でありま

すが、その記述に、南山（高野山）が日本の浄土であり、そこに大師は禅定に入るお姿そのままに入定しておられることを述べています。

　しかし『金剛峯寺建立修行縁起』は、大師が奥之院に籠もられてから１３０年あまり経ってから記された書物であります。実は『金剛峯寺建立修行縁起』に先だって記された書物には、大師が入定したとは記されていません。

　例えば日本の正史である『続日本後紀』（８６９年完成）では、「大僧都伝灯大法師位空海、紀伊の国の禅居に終わんぬ」（『新訂増補国史大系』３、３８頁）とあり、また大師の弟子である実慧師が真済師や真然師の入唐に際して託した承和３（８３６）年付の書状には、「薪尽き火滅す。行年六十二」（『弘伝全』１、２１９頁下）とあります。これらの記述からは、大師が入定された様子をうかがうことはできません。

　さらに言えば、『続日本後紀』には、「ああ哀しいかな。禅関僻左にして、凶聞、晩く伝う。使者、奔赴して荼毘を相助くること能わず（中略）自ら終焉の志有りて、紀伊の国金剛峯寺に隠居す。化去の時、年六十三。」（『新訂増補国史大系』３、３８～３９頁）という記述さえあります。

　学術的には行年の問題が指摘されていますが、ともあれ大師は自ら終焉の地として高野山を選んだが、高野山は僻地の山であるから、訃報が届いたのが遅かったので、使者を急ぎ使わせても荼毘にふすのに間に合わなかった、といいます。「荼毘」とは言うまでもなく〈火葬〉のことであり、『続日本後紀』の記述を素直に読めば、大師は生きたままの姿で御入定どころか、すでにお骨となっているということになります。

　実は大師の潅頂の師である恵果和尚は、大師の書かれた碑文の記述（『定本弘法大師全集』８、３５頁）から火葬であったとも考えられ、また近年の発掘調査により、大師の弟子である真然大徳の御廟からは骨蔵器が発見されたことから、真然大徳も火葬であったことが確認されています。

　師と弟子が火葬であったことが、直接に大師が火葬されたことの証拠になるわけではありませんが、近代に入ってから、あらためて歴史学者によって空海火葬説が唱えられています。ただそれに先立ち、江戸期の『紀伊続風土記』（１８３９年成立）には、「大師、寂して火葬せしと見ゆ」（『続真言宗全書』３６、２５頁。以下、『続真全』と略称）とあり、『紀伊続風土記』の該

71

当部分の作者である道獸(どうゆう)(1796―1853)師も火葬されたとの立場を表明しています。

加えて『紀伊続風土記』で大師の入定に関して注目されるのは、大師の御廟として今の奥之院以外に六カ所もの候補地が説かれていること(『続真全』36、25頁下～26頁上)です。ただしこれは近世に入ってからの新説と考えられています。

ところで一般的に僧侶が亡くなることを入滅とか示寂といいますが、(火葬であるか否かは別としても、)常識的に考えれば大師も入滅したと考えるほうが自然です。それなのに何故大師は入定されたと今でも信仰されているのでしょうか。

実は中世において、真言宗の中でも大師が入滅であるか、入定であるのかが議論されることになります。これについて、大師が入定されたことを主張し教学の上から説明した書物が、仁和寺の済暹(さいせん)師が記した『弘法大師御入定勘決記(こうぼうだいしごにゅうじょうかんけつき)』です。

『弘法大師御入定勘決記』では、大師の弟子達がどうして大師は入定したと記載しなかったのかという点について、もし入定したと記したならば他宗の人々が疑念をいだき大師を誹謗するに違いないから、それを憚(はばか)って入定のことをひた隠し、さらに天皇ですら入定について見聞したことがないので、弔問の使者を送り、喪料を下賜されたのである(『弘伝全』1、100頁下～101頁下)、と主張します。

さらに釈尊の弟子である摩訶迦葉(まかかしょう)師が、弥勒菩薩に釈尊の袈裟を継承させるために入定したように、大師は弥勒菩薩がこの世に出現されるまで、密教の教えを守り大師の後継者に如意宝珠を継承させるために入定した(『弘伝全』1、118頁)、と説きます。

〔図表57〕銅造弥勒菩薩半跏思惟像
(大阪 野中寺、重文)

第2章 弘法大師信仰 ―弘法大師はなぜ信仰されるのか

仏教では、弥勒菩薩は釈尊の次に仏となる菩薩であり、釈尊の入滅後５６億７千万年後にこの世界に現われて（弥勒下生）、人々を救済するとされます。それまでは兜率天で修行しており、そのときが来たならば、この世に下生して竜華樹の下で悟りをひらき、三度にわたり説法を行って（竜華三会）、多くの人々を救うとされます。

　そのため、この世に大師自らの身体を残しておかなければ、弥勒菩薩から説法を聞くことができず、さらに密教を断絶させることなく、如意宝珠を継承することができなくなるわけです。

　どうして如意宝珠を継承させることにこだわるかと言えば、大師の入定は弥勒菩薩が成仏し、仏と成る、すなわち弥勒如来となって、多くの人々を救った後のことまで勘案していることを説くからです。

　どういうことかと言いますと、大師は恵果和尚より〈如意宝珠〉を授けられていて、弥勒仏が入滅された後の世界の人々を救うのは、この如意宝珠の妙術である、と主張するのです（『弘伝全』１、１１９頁下）。

　如意宝珠とは、思いのままに願い事がかなう宝の珠であり、これに関する教説や修法が中世において盛んに説かれ、修されます。それは、大師の遺言とされた『御遺告』に、如意宝珠のことが説かれているためです。『御遺告』自体は、現在の学術研究では大師のものではないことが明らかとなっていますが、『御遺告』では、密教の教えを如意宝珠に喩え、如意宝珠とは仏の分身であり、恵果和尚から授与された如意宝珠が日本に渡り、室生山に収められている、と記されています。第１章で取り上げた親王院本の【勝地福田】も、この『御遺告』の記述に基づくエピソードです。

　このように真言宗では、大師号が贈与された後から、大師を顕彰し伝説化するキャンペーンがあり、その中で教学的な視点からも大師は入滅したのではなく、入定されたのであると解釈されていきました。

　しかしこのことを単なる詐称や捏造と言い切ることもできません。なぜなら第１章の「大師の教え」で見たように、森羅万象あらゆる存在や活動がほとけのそれであるならば、引いてはそれを説かれた大師自身もそこにおられることになります。たとえ有限の肉体は形を留めていなくても、その本質は失われることなく高野山の奥之院に、そして我々のすぐそばに、あるいは

73

我々の中にさえ存在し続けているのです。そのような大師のスケールの大きな教えに加え、「虚空尽き、衆生尽き、涅槃尽きなば、我が願いも尽きん」と、これまた途方もない大誓願を立てられた大師ならば、きっと我々衆生を見捨てることなく救ってくださるという人々の願いが、大師の入定（留身(るしん)）信仰として結実しているのではないでしょうか。

だとすると、歴史上の空海と信仰上の弘法大師は、必ずしも同じ存在とは言えないかも知れません。しかし合理的な論理だけで宗教的な真髄を語ることが不可能であることもまた忘れてはなりません。

例えば入定に関連して、特に江戸期を中心に飢饉や天災で苦しむ人々を救うために、その苦悩を一身に背負い、土中の穴に籠もり、読経や瞑想を続けながら死を迎える僧侶たちがいました。その遺体はミイラ化し、「即身仏(そくしんぶつ)」と呼ばれて、現在でも全国のお寺（特に多いのは山形県）に安置されて信仰を集めています。また観音菩薩の浄土である補陀洛山(ふだらくさん)（サンスクリット語のポータラカの音写であり、同様に世界遺産ともなっている日光の地名も、元々は観音の浄土である「二荒山(ふたらさん)」の「二荒」を音読みして「日光」の文字が当てられていることに由来する）を目指し、外に出ることができない小舟に乗って海に流される「補陀洛渡海(ふだらくとかい)」という行もあり、たくさんの修行者が、人々の苦しみを救わんとして（中には強制された例もありますが）、死を前提としたすさまじい荒行に取り組んでいました。

〔図表58〕

これらの大師の入定を意識した宗教的な実践について、時代背景などを無視して単なる自死（自殺）であると一概に語ることはできません。同様に大師が入定された（とされる）背景には、人々の〈信仰〉という大きな力があり、そしてそれを可能にしたのが、大師自身が説かれた教えであり、大師自身の衆生救済の実践であったこともまた事実でありましょう。

御宝号念誦

　前節で触れた大師の入定信仰は、例えば１２世紀に成立した『今昔物語』などにも記載されていて、治安３（１０２３）年の藤原道長の高野山参詣以降、高野山に貴族や上皇などの参詣が相次いだことなどもあり、一般の人々にも広まっていったと思われます。

　ところで、このように大師は入滅ではなく入定されたことが人口に膾炙されるようになると、大師に苦しみから救ってもらおうと大師自身が信仰されるようになります。

　そのような動きの中で登場したのが、御宝号の念誦です。御宝号とは、「南無大師遍照金剛」や「南無遍照金剛」という、大師自身に帰依するために唱えるものです。

　このうち「南無」とはサンスクリット語の「ナモ（namo）」を漢字で音写した言葉で、「帰依」とか「帰命」と訳されます。つまりは相手に対する敬意や信仰を表す言葉です。浄土系の宗派で唱えられる「南無阿弥陀仏」や日蓮宗系の「南無妙法蓮華経」などでも知られています。

　また次の「大師」は、真言宗内でも宝号に入れる流派と入れない流派に分かれ、それぞれの文字数によって入れる流派の宝号は八字宝号、入れない流派の宝号は六字宝号と呼ばれますが、近年は八字宝号が一般的です。

　そして最後の「遍照金剛」ですが、これは大日如来の密教における称号である密号をあらわします。大師は恵果和尚から胎蔵と金剛界の灌頂を授かっていますが、灌頂では曼荼羅の上に華を投げ、華が落ちた場所に描かれる仏と縁を結びます。大師はこれらの灌頂によって大日如来の上に華が落ちたことから、大日如来の密教における称号である密号「遍照金剛」を授けられ、御宝号でも大師の密号をお唱えするのです。

　となれば、実は大師は大日如来そのものであり、まさに曼荼羅に説かれる仏がごとき尊格として、手を合わす祈りの対象、すなわち信仰の対象そのものであるということになります。摂関家の出身で、天台座主を務めた慈鎮和尚　慈円（１１５５―１２２５）師も、「ありがたや高野の山の岩陰に大師は今もおわしますなる」と歌を詠んでおり、幅広い人々から信仰されたことがうかがえます。

慈円師もそうであったと思いますが、我々は大師の御前にて手に合掌し、心に大師の姿を想い、そして口に御宝号を唱えます。これはまさしく大師が説かれた三密行そのものです。我々は三密行や御宝号を通じて、大師と、そして大日如来と一体となるのです。

　さてその御宝号ですが、一体いつからお唱えされることになったのでしょうか。

　まずこれまで述べてきたように、「大師」と呼ばれるのは延喜２１（９２１）年以降のことですから、御宝号の念誦もこれ以降のことであることは明らかです。

　加えて近年の研究では、三善為康（みよしためやす）の『拾遺往生伝（しゅういおうじょうでん）』（１１１１年以後、まもなくの成立）の中に、丹波国（現在の京都府と兵庫県の一部）の蓮待師（れんたい）という僧が「南無三身即一阿弥陀如来（なむさんじんそくいつあみだにょらい）、南無大慈大悲観自在菩薩、南無弘法大師遍照金剛菩薩（しへんじょうこんごうぼさつ）」（『日本思想大系』７、３０６頁）と唱えて往生した説話が記載されていることが明らかになっています。

　また高野山正智院（しょうちいん）の道範（どうはん）（１１７９—１２５２）師が真言密教における念仏思想について記した『秘密念仏鈔（ひみつねんぶつしょう）』には、大師にお供えをして「南無大師（なむだいし）、遍照金剛（へんじょうこんごう）、普賢行願（ふげんぎょうがん）、皆令満足（かいりょうまんぞく）」（『真言宗安心全書』下、２６２頁）の偈頌（げじゅ）や「南無大師遍照金剛、哀愍加持往生極楽（あいみんかじおうじょうごくらく）」（『真言宗安心全書』下、２６４頁）と唱えるように説かれていることも指摘されています。

　その上、次節で取り上げる『自行（略）次第（じぎょうりゃくしだい）』には「南無大師遍照金剛（こんごうおういんだいそうじょうじつげん）」の八字宝号が説かれ、さらに金剛王院大僧正実賢（「じっけん」とも。１１７６—１２４９）師が記したとされる『掌中明鏡抄（しょうちゅうみょうきょうしょう）』には「南無遍照金剛」の六字宝号が記されていて、臨終や日常の行儀としての御宝号が十三世紀前半の鎌倉前期から僧侶らによって日常的に唱えられていたことや、『三僧記類聚（さんそうきるいじゅう）』という書物（の第三）に収められる「十八道加行作法（じゅうはちどうけぎょうさほう）」に、大師宝号を唱えることが記されていることから、御宝号の念誦自体が十二世紀半ばまで遡りうることが先行研究（武内孝善「御宝号念誦の始原」）によって明らかになっています。

　このように特に真言宗の僧侶の中から大師に帰依するための御宝号が登場し、大師への信仰が高まる中で、いわば真言のように念誦されて広く流布し

ていったと考えられるわけです。

　以上、学術的な観点も含めて、大師への信仰の例として、入定信仰と御宝号念誦について取り上げました。学術的には、大師は自ら入定したのではなく、後世の信仰の中で入定したことになったわけですが、しかしそれは根拠もなく捏造されたわけではありません。大師の大いなる教えと誓願、そして何より苦悩する人々の願いが大師を入定へといざない、「南無大師遍照金剛」と唱えられる「お大師さま」になったのです。

　そうであるならば、人々が「南無大師遍照金剛」を唱え、大師がおわします高野山が信仰の聖地であり続ける限りは、大師の〈宗教的生命〉はこの先も生き続けていくことでしょう。

〔図表59〕弘法大師像（万日大師）

2　弘法大師をあらわす梵字
─弘法大師の種子はなぜ「𑖦」なのか

大師が修法の本尊となる

　前節で触れたように、空海師が「お大師さま」となり、信仰の対象となると、真言宗では大師を拝むための次第が整備されるようになります。次第とは、修法に必要な真言や観想などを順に記した作法書です。例えば阿弥陀如来を拝むための〈阿弥陀法〉、弥勒菩薩(みろくぼさつ)を拝むための〈弥勒法〉などがあります。

　同様に大師を本尊として修法するための次第を〈大師法(だいしぼう)〉と言い、代表的

なものとして、『自行次第』や『自行略次第』が挙げられます。『自行（略）次第』の自行とは、他人を救済するいわゆる利他行に対して自分の修行を行う自利行の意味ではなく、行者自身、ひいては本尊である大師自身を行ずる意とされます。つまり大師自身が曼荼羅の諸尊と同様に、修法の本尊になったわけで、大師が単なる歴史上の人物の一人ではなくなっています。

大師が梵字で表現される

　ところで真言密教で仏を曼荼羅で表現する場合、一般的な仏の姿を絵画であらわす〈大曼荼羅〉、それぞれの仏を象徴する持物や印契であらわした〈三昧耶曼荼羅〉、仏を梵字一字（種子といいます）であらわした〈法曼荼羅〉、あるいは仏像などで立体的にあらわした〈羯磨曼荼羅〉の四種類で表現されます。つまり、仏画や仏像などの姿以外に、梵字でも仏をあらわすわけです。

　実は大師も梵字一字で表現されるようになります。それが「ユ」（ユ）字です。現在でも朱印帳・納経帳や白衣・笈摺などに用いられており、一般によく目にすることができます。

　ではなぜ大師をあらわす梵字として「ユ」字が当てられるのでしょうか？

〔図表60〕納経帳

〔図表61〕　白衣

『中壇・自行略次第』の特徴

　大師と𑖼字を結びつける起源は、高野山に伝わる次第にまでさかのぼります。その次第とは、『中壇・自行略次第』（以下、『中壇自行次第』とします）というものです。この次第は元々高野山金剛三昧院に所蔵されていたものが、高野山大学に寄託されている蔵書の１本であります。

　その特徴としては、次のような項目が挙げられます。

　①　『自行略次第』を『中壇法』として用いる。
　②　弥勒法と大師法の両方の特徴を持つ。
　③　実賢師が起草したことが記されている。
　④　「南無大師遍照金剛」の八字宝号がある。
　⑤　鎌倉時代末期までに作成され、流布していた。

『自行略次第』を『中壇法』として用いる

　さてまず当該『中壇自行次第』で注目される点は、外題に『中壇』（図表６２）、内題に『自行略次第』（図表６３）とあって、①『自行略次第』を『中壇法』として用いていることです。

　本来、『中壇（法）』と『自行（略）次第』は別々の修法次第なのですが、本次第の特徴は『自行次第』をもって『中壇法』に充てていることにあります。

〔図表62〕外題

〔図表63〕内題

『中壇法』

　ここでいう中壇とは、高野山御影堂に置かれている大壇を指します。壇とは、修法のために曼荼羅やお供え物などが置かれる、いわば祭壇であり、高野山御影堂の内陣には、真ん中に大壇、東西それぞれに密壇という小壇をかまえています。そのため御影堂の大壇は御影堂内陣の中央にあることから、中壇と呼称されています。

〔図表64〕大壇の一例（八頭山弘法寺）

すなわち『中壇法』という次第は、その御影堂中壇において修法される次第をさします。この次第は常には『中壇法』、もしくは『中壇弥勒法』と称されていて、名前の通り弥勒菩薩を拝むための弥勒法の次第です。

　しかし高野山御影堂に祀られているのは大師であり、大師を拝むための次第として、弥勒法の次第が用いられているのです。

大師と弥勒菩薩の関係

　これは何故かと言えば、前節でも触れたように、大師が弥勒菩薩と深い関係にあると考えられたからです。

　大師の御遺言とされた『御遺告』には、「祖師や私の顔を直接見ることができないとしても、心ある者は必ず私の名号を聞いて、恩徳の由来を知りなさい。これは私が世を去った後に、さらに人の労りを望んでいるのではない。密教の法脈を護り継いで、龍華樹のもとで弥勒菩薩が成道されるおりに、人々を済度する三会の法筵を開くためのものである。私が閉眼した後には、必ずや兜卒天に往生して弥勒菩薩のもとにひかえているであろう。五十六億七千万年の後には、必ずや弥勒菩薩と共に下生して、謹んでお仕えしながら私にゆかりの地を訪ねるであろう。またさらにこの世に下るまでの間は、かすかな雲の合間から見て、（弟子達の）信仰と不信の様子をうかがっているだろう。この時に仏道に励むならば、加護を得ることができ、信仰のない者には、不幸がおとずれることになるだろう。後々、決して疎かにしてはならない」と述べられています。

　つまり『御遺告』の記述を基にして、大師と弥勒は切っても切れない関係として結びつけられ、弥勒法が大師供養法としての中壇法と定められたことが推察されます。これに関連して、『中壇小野』という次第には「大師の御本地は大日・如意輪・不動・訶利帝、通（常）途の説なり。弥勒は最秘事なり口伝重々なり。大師供養法、弥勒法となすべし。」と記されています。本地とは本当の正体を意味する言葉で、例えば天照大神の本地は、大日如来であり、大日如来が衆生を救済するために、我々にとって身近な姿となって現れたと考えられました。

　同様に大師も衆生救済のために如来や菩薩等が仮の姿となってこの世に現

れた存在であり、その本地については何説かあるものの、弥勒とすることが〈秘説〉とされていたことがうかがえます。

弥勒法と大師法の両方の特徴を持つ

一方、『中壇自行次第』には②『弥勒法』と『大師法』の両方の特徴を持つことも確認できます。その証拠の一つが、次第の中で「勧請 入句」に「本尊高祖遍照尊」(「発願」には「本尊高祖　遍照金剛」、図表65)と記されることであり、これは一般的な『中壇法』には見られません。

〔図表65〕勧請・発願

〔図表66〕道場観の य (रु) 字

〔図表67〕奥書

さらに本尊の姿や様子などを観想する「道場観」では、図表66のように本尊の種子を「य (रुと同字)」としています。いよいよここで問題となるरु字が出てきましたが、実は『中壇自行次第』を除いた他の『中壇法』における「道場観」では、本尊の種子を「अ」(ア)字とすることが基本であり、रु字説は珍しいのです。

ただしどちらの種子も、『大日経』という経典に弥勒菩薩の種子として説かれていますが、真言宗では流派によってこの二字を使い分けています。

82　第2章　弘法大師信仰　—弘法大師はなぜ信仰されるのか

特に㋐字説が、小野流、特に醍醐寺を中心とする三宝院流という流派において相承されていたのに対し、㋑字説も同じく三宝院流を含む小野流を中心に見られますが、特に金剛王院流における教説と考えられます。
　といいますのも、『中壇自行次第』の奥書には図表６７のように「大僧正実一、三宝院本を以て次第を草せしめ給う。金剛峯寺金堂中壇の作法なり。」(ただしこの中の「金堂」は「御影堂」の誤りではないかとも思われます)とあって、「大僧正実一」とは、金剛王院大僧正の通称をもつ実賢師のことであり、③実賢師が起草したことが記されています。
　実賢師は醍醐寺の座主や東寺長者も務め、さらに高野山登山の記録も残っていることから、高野山で修法するためにこの次第を編集したことも考えられます。
　補足ながら、『覚禅鈔(かくぜんしょう)』という書物にも、㋐と㋑の両説が記されていますが、㋑字を用いる異説を金剛王院流の開祖である聖賢(しょうけん)（１０８３―１１４７）師の伝として記載している（『大日本仏教全書』５４、２５９頁下～２６０頁上）ことから、㋑字説が金剛王院流に相承されていて、それを実賢師自身、もしくは実賢師のものと見せかけて、『中壇自行次第』が作成されたことが考えられるのです。

「南無大師遍照金剛」の八字宝号

　前節で確認したように、『掌中明鏡抄』では「南無遍照金剛」の六字宝号、『中壇自行次第』では図表６８のように④「南無大師遍照金剛」の八字宝号が記されています。
　両書は共に実賢師の作とされますが、宝号については差異があることから、両書の作者が本当に実賢師であるかどうかについては注意する必要があります。いずれにしても、御宝号が確立していく途上にあった様子がうかがえて興味深い次第です。

〔図表68〕御宝号

83

鎌倉時代末期にはこの次第が流布

　『中壇自行次第』の作者については一旦置くとしても、奥書(図表69)に「元徳元（1329）年」（西暦は筆者註）とあることから、⑤『中壇自行次第』が遅くとも鎌倉時代末期迄に作成され、流布していたことは確実です。

如意宝珠

　また「元徳元（1329）年十一月二十七日於室生寺」、「元弘二（1332）年壬申三月二十七日 於室生山」（図表69）とあるように、『中壇自行次第』が室生寺において書写されていることも注目されます。これまた前節でふれたように、室生寺は『御遺告』に説かれるがごとく、恵果和尚から授かった如意宝珠が埋められたとされる場所です。

〔図表69〕奥書

　では何故、『中壇自行次第』が室生寺で書写されることになったのでしょうか。

　『中壇自行次第』の「道場観」では、まず ㉕（㉕）字が変じた慈氏（弥勒）如来を観想し、この「慈氏は即ち毘盧遮那如来」であることを説いた後に、この弥勒が「衆生を利益せんが為に大悲方便を以て身を変じて ㉕ 字と成」り、さらに ㉕ 字が如意宝珠に変わって、最終的に弘法大師を本尊とします。

　弥勒如来とは、弥勒菩薩が56億7千万年の後に成仏して如来となったこ

とをあらわしますが、変遷が複雑となりますので、図示すると次のようにな
ります。

> 𑖌字→弥勒如来（＝大日如来）→𑖌字→如意宝珠→弘法大師

　すなわち𑖌字が変じた弥勒如来だけでなく、如意宝珠が変じた大師自身の
姿も観想されていて、弥勒と大師が如意宝珠を通じて深く結びつけられてい
ることがわかります。とするならば、大師の遺言によって如意宝珠が埋めら
れたとされた室生寺において、『中壇自行次第』が重要な意味を持つことは
明らかでありましょう。

　このように大師と弥勒（𑖌字）を結びつける媒体として、如意宝珠は大き
な役割を果たしています。『中壇小野』という次第では、「宝号は如意宝珠なり。
亦た吾が漢号は遍照金剛なり。宜しく知って行ずべし。甚秘々々最極秘事な
り。中央に大師、両界（曼荼羅）を左右に之れを懸け、中壇供養法と号す。」
と、如意宝珠とは大師そのものであり、御影堂には大師と両界曼荼羅をまつ
ることを述べています。

　実際に高野山御影堂には、中央奥の内々陣に大師御影、内陣左右に両界曼
荼羅が奉安されています。

　高野山では、旧暦３月２１日の大師が入定された日にちなんで、「旧正御
影供」という法会が営まれていますが、その前日の夜「御逮夜」には、年に
一度だけ一般の参列者も御影堂の中に入ることを許されます。夜の伽藍全体
が供花とロウソクの灯火で照らし出される荘厳な法会です。ぜひ参拝されて、
自身の目で確かめてみてください。

𑖌字が大師の種子として一般にも広まる

　入定信仰や御宝号念誦といった大師への信仰が高まるにつれ、大師自身は
もちろん、大師の入定の地である高野山の存在感がより増していったことは
想像に難くありません。

　歴史的には、大師号下賜に尽力した観賢師以来、高野山は長年にわたり東
寺の末寺という地位に甘んじていました。大師自身への信仰が高まっていく

その過程において、高野山は東寺からの独立を目指してさまざまな活動を行っていきます。その意味においては、大師信仰と高野山の独立は密接な関係にあります。

　それらの歴史的な経緯は一旦置くにしても、大師信仰は脈々と受け継がれ、例えば現在でも、お遍路で用いられる朱印帳や納経帳などに弘法大師の種子として「ह」字が用いられています。内田九州男氏によれば、納経帳にह字を用いた例として、明治４４（１９１１）年のものがあることが指摘されています（内田九州男「四国遍路―そのスタイルの諸特徴について―」）。

　『中壇自行次第』はそこにいたる始原の一つ、少なくとも大師とह字を結びつけた最も古い次第の一つであると考えられます。

　これについては、今後の課題としてまだまだ研究の余地が残されていますが、いずれにしても当初は〈秘説〉とされていた大師の本地を弥勒とする説が、時代の変遷によって大師信仰の流布とともに徐々に広まっていき、大師の種子としてह字が用いられていくようになったのであります。

3　四国八十八ヶ所霊場巡礼
―遍路のススメ

四国八十八ヶ所霊場の開創

　大師が『三教指帰』の中で、「阿波の大瀧嶽（おおたきのみね）によじ登り、土佐の室戸岬で勤念していた」と自ら記すように、大師は若かりし頃、四国で修行をしていました。四国八十八ヶ所霊場（しこくはちじゅうはっかしょれいじょう）とは、それら大師所縁の修行場や寺院とされる場所であり、伝説上は、弘仁６（８１５）年の大師４２歳の年に、再びそれら修行の地を巡って、四国八十八ヶ所霊場が開創されたとされます。そして、それらを巡って大師を追体験する参拝の旅が「遍路」（へんろ）と呼ばれています。

　また天長年間に、大師が四国を巡錫（じゅんしゃく）していたとき、伊予国（現在の愛媛県）の長者であった衛門三郎（えもんさぶろう）の家に立ち寄りますが、強欲な衛門三郎は大師を追い払い、挙げ句の果てには、大師の鉢をたたき割ってしまったところ、８人の子供が次々と亡くなってしまうという不幸に見舞われました。自らの過ちに気づいた衛門三郎が大師の後を追って四国を巡り、許しを請うたことが、

四国遍路の始まりとされています。

　また大師の弟子である真済師も大師の遺跡を巡拝したと伝えられますが、どちらも確証があるわけではなく、あくまでも伝承にしか過ぎません。

　いずれにしても、大師が四国を巡錫し、さまざまな奇跡、例えば大師が井戸を掘って水不足に苦しむ人々を救った、あるいは大蛇を封じ込めたなどの伝説が現在でも伝えられ、それらの大師ゆかりの地とされた場所や寺院が（番外霊場なども含めて）八十八ヶ所霊場などに組み込まれています。

四国八十八ヶ所霊場の普及

　平安時代末期に成立したと見られる説話集である『今昔物語』には、「四国の辺地というのは、伊予・讃岐（香川県）・阿波（徳島県）・土佐（高知県）の海のほとりを廻ることである」（巻３１）と記され、同じ時代に後白河法皇が編纂した『梁塵秘抄』には「袈裟を肩に掛け、笈を背負い、衣を波しぶきでぬらしながら、四国の辺地の道を巡り歩いた」（巻２）という今様の歌が収められています。

　さらに歌人で知られる西行（１１１８―１１９０）師や東大寺の大仏殿再建で有名な重源（１１２１―１２０６）師も四国にある大師の遺跡を巡るなど、平安時代末期には、何らかの聖跡巡礼が存在していたことが知られます。加えて鎌倉時代の一遍（１２３９―１２８９）上人も四国の各地を巡歴したことで知られています。

　元々、熊野や吉野などの〈山岳〉や〈辺地（都から遠く離れた辺地・僻地）〉での修行が古くから行われていましたが、これが大師への信仰と結びつき、辺路（辺地の道）を巡礼する四国の〈遍路（＝辺路）〉修行となっていきます。なお辺路の名称は、現在でも熊野へ参詣する道として大辺路・中辺路・小辺路として使われています。

　このように四国遍路に加えて西国三十三所巡礼など、各地の寺院や霊場を巡る修行が僧侶を中心として中世に整備されていきますが、四国遍路の場合は、江戸時代に入って高野聖である真念（？―１６９１）師の『四国辺路道指南』という四国遍路のガイドブックが木版印刷されるようになると、すでに大師信仰の高まりと共に室町時代から徐々に遍路を行っていた一般庶民に

も、広く浸透していきます。

　加えて遍路や巡礼が一般庶民に広まった理由として、女性を受け入れたことも大きかったと考えられます。例えば高野山は明治まで女人禁制の地でしたが、四国や西国の札所には女性も参拝することができました。そのため、巡礼が庶民に広く受け入れられたものと思われます。

　なお中世以来、遍路や巡礼の際に、住所や願い事などを記した木や金属でできた板を納める風習があり、その札を納める寺院を札所といいます。またそれらの札の納め方は、札を柱や天井などに打ちつけていたことから、札所に参拝することを「札所を打つ」と言います。

四国八十八ヶ所の教説

　四国の霊場が８８である理由として、『倶舎論』に説かれる８８の煩悩の数であるとする説の他に、男性の厄年４２歳＋女性の厄年３３歳＋子供の厄年１３歳（合計８８歳）とする説や、熊野九十九王子の影響を受けたとする説などが唱えられています。

　さらに現在は阿波の１番札所霊山寺から始まり、香川県８８番大窪寺で終わる８８の番号が振られ、いわば四国を時計回りに参拝していきます（順打ち）が、これは畿内以東の地方からやってくる参拝者には便利ですが、例えば九州や四国内からの参拝者には不便です。

　また通常の順打ちとは逆に、反時計回りに、番号をさかのぼる参拝の仕方を「逆打ち」といいます。もちろん番号通りに推奨ルートを巡拝できるに越したことはありませんが、必ずしも番号に固執する必要はありません。

　一方、昭和に入ってから、阿波国の霊場は〈発心〉の道場、土佐国の霊場は〈修行〉の道場、伊予国の霊場は〈菩提〉の道場、讃岐国の霊場は〈涅槃〉の道場であると、『大日経疏』や『破地獄儀軌』に説かれる四転（四点）説を当てはめる新たな説が唱えられています。

　四転説とは発心・修行・証菩提・入涅槃のことで、発心とはさとりを求める心をおこすこと、修行はさとりを求めて実際に行動すること、（証）菩提は修行によって得られるさとりや智慧のはたらき（を得ること）、そして（入）涅槃とは、さとりそのもの（に到ること）を指します。

[図表70]

このように札所の番号が必ずしも草創期からのものではないだけでなく、現在でも新たな教説を導入するなど、遍路が時代とともに深化している様子がうかがえます。

遍路マップ

現在は歩き遍路のみならず、車やバス、自転車などの移動手段が多様化し、さまざまな形で〈お遍路〉に参加し、中には何十回とリピートする人達もいます。

近親者を亡くしての供養のため、自らの人生の意味を探すため、あるいは四国の観光をするため、理由は

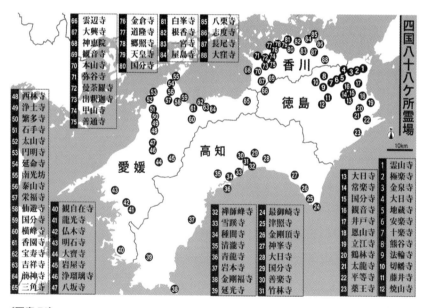

[図表71]

さまざまですが、「牛に引かれて善光寺参り」と言いますが、さしずめ四国の場合は「大師とともに四国遍路」というところでしょうか。

「お遍路さん」には「お大師さま」が必ず寄り添い、常に〈同行二人〉の旅であるのです。四国遍路では、いたるところで〈お接待〉という他の地域では考えられないようなもてなしを受けます。そんな四国遍路にぜひ「お大師さま」とともに出かけることをおススメします。

4 全国の弘法大師伝説
―諸国を飛び回った弘法大師

信仰の対象となった大師の活躍は、四国に留まりません。大師が水不足に苦しむ人々を救った、あるいは橋を架けて人々が安全に通れるようになったなどの大師の事績とされる霊跡や場所が本州・四国・九州など全国各地に数多くあります。

それらすべてを紹介することはとても叶いませんが、今一度、親王院本に記載される大師の奇跡や事跡を追うことで、弘法大師伝説の一端に触れてみたいと思います。

【善通寺額】

〔図表72〕安倍晴明が使役する式神が畏れをなす

大師誕生の地とされる善通寺の門に掲げられた題額は、大師自筆と伝えられています。ある夜、その善通寺の前を陰陽師の安倍晴明（９２１－

１００５）が馬に乗って通りかかったところ、火をかかげ夜道を照らしていた式神(しきがみ)（鬼神）が突然姿を消しました。善通寺を通り過ぎたところで再び現れたので、理由を尋ねたところ、題額の文字を四天王が守護していたので、畏れをなして道を変えたのだ、と答えたといいます。

　つまりかの安倍晴明が使役する鬼神さえ、四天王や大師の文字を畏れたことが説かれているわけです。

　この善通寺の門とは、現在の南大門(みなみだいもん)かとも思われ、日露戦争戦捷記念に再建された現在の南大門の屋根の四隅には、四天王が瓦で置かれています。

〔図表73〕善通寺　南大門

【大峰修行(おおみねしゅぎょう)】

〔図表74〕役行者が大峰山にのぼろうとする大師を先導

役行者は、名を役小角（６３４？―７０１？）といい、修験道の開祖とされています。その人物像は後世の伝説が多いものの、飛鳥時代に実在した人物です。
　しかし大師とは時代が違うため、実際に二人が絵伝のように語らうことはあり得ません。ただし大師も若かりし頃に山岳に分け入って修行をしていたことから、このような伝説が生まれたと考えられます。

【慈覚霊夢】

〔図表75〕円仁師の夢に大師が現れる

　慈覚とは慈覚大師円仁師のことです。円仁師は第３代天台座主にもなった人物で、天台宗の重鎮です。その円仁師の夢に、大師の弟子の一人が現れ、「我が師が、あなたにお会いしたいと来ております」と告げたので、威儀を正して庭に出ると、そこには蓮華と五股杵があるだけで、大師の姿がありません。不審に思い尋ねてみると、その五股杵こそが大師であると答えた、といいます。
　このように絵伝では、大師と安倍晴明や役行者、円仁師といったさまざまな人々とのエピソードを記載していて、大師が真言宗のみにとどまらず、各宗派の人々に大きな影響を与えていたことを物語る伝説が伝えられています。

【加持霊水】・【禅僧与油】

〔図表 76〕 三鈷杵をもって霊水を掘り当てる

〔図表 77〕 大師、石油を掘り当てる

　大師が小栗栖というところにお堂を建てて十一面観音菩薩を祀りましたが、水の便が悪いところであったために、三鈷杵をもって大きな岩を加持したところ、霊水が湧き出たため、この寺を三鈷寺と名づけたという説話です。
　全国各地に伝わる弘法大師伝説の内、最も多いのが水に関係したものです。井戸を掘った、杖や法具をついたら水が湧き出たなどの類いです。

親王院本には、他に大師出家の寺とされた槙尾山寺に水を湧き出させた話【御柴手水(ごさいしゅすい)】や、河内国（大阪府南部）の龍泉寺の悪龍に善心を起こさせ、池の水を湧き出させた話【龍泉湧出(りゅうせんゆじゅつ)】、さらには【禅僧与油】では、禅僧の求めに応じて、石油さえも掘り当てています！

　このように大師が湧き出させたとする水の伝承は、全国に１４００話も伝わっています。今も昔も、人々の生活に水はなくてはならないものであり、満濃池の修築という大工事を成し遂げた大師の実績と手腕が、このような伝説を生み出し、人々に語り継がれていったのでしょう。

【土州朽橋(どしゅうきゅうきょう)】

〔図表78〕大師、朽ちた橋を再生する

　土佐国（現在の高知県）に、朽ち果てて人が通ることができない橋がありました。大師が通りかかり、この橋を加持したところ、堅固になって人々は安全に渡れるようになったと言います。

　親王院本の詞書きには、大師の加持力が「神仙の術」と同じく、枯木を蘇らせたのではないかとの意見も記されています。

【宇治河舩】
うじ かせん

〔図表79〕船の渡し賃代わりに大師が書いた文字がお守りとなる

　大師が宇治川を渡ろうとしたとき、渡し賃を持ち合わせていなかったにもかかわらず、船頭が船に乗せてくれたので、御礼に「この字を欲しいという人がいれば、お代をとって与えなさい」と「舩」の字を書きつけて立ち去りました。

　それ以後、往来する人々がその字を削り取っても、またもとに戻るので、船頭はお代を取ることで多くの財産を得ました。

　大師の書いた文字が単なる文字ではなく、霊力を秘めたいわばお守りのごとく珍重され、その大師を助けた船頭が御利益を得ることになったのです。

　ちなみに現在でも、受験や安産、交通安全などの〈御守〉を寺社で授与しています。これらの御守の中身は、加持などをされることによって、いわゆる性根が入った（開眼された）護符、あるいは神仏や大師の姿などが記された板や紙などの御札が入っています。

　実はこれらのお守りの起源は、中世にまでさかのぼり、その最初は写経などの経典（を切り取ったもの）であったようです。つまり尊い文字を御守としてそばに置いたり、身につけたりすることで自身を守護、あるいは所願を成就しようとしたのであり、文字に対する信仰の一端を見ることができます。

【小児活生】

〔図表80〕オオカミに襲われて命を落とした子供が息を吹き返す

　大師は和泉国大鳥郡（現在の大阪府堺市一帯）で、オオカミに男の子を襲われて亡くしてしまった母親に出会いました。母親の嘆き悲しむ姿を哀れに思った大師が、蘇生の呪を唱えると、男の子は息を吹き返し、元気になったと言います。
　命を落とした者さえ生き返らせる、大師のすさまじい加持力をあらわしたエピソードです。

【了知牛語】・【渡海祈願】

〔図表81〕子牛と会話をする

摂津国住吉浦（現在の大阪府にある住吉大社付近）での出来事です。一頭の子牛が大師を見て鳴いたのに対し、大師が子牛に「汝の心に任せよう」と語りかけました。弟子が不思議に思って尋ねたところ、「昔の借りを返すべきかどうか」と子牛から尋ねられたので、「任せる」と答えた、と言います。

大師と子牛、あるいは子牛の前世とにどのような因縁があったのかはわかりませんが、大師は動物とも会話ができるようです！

ところで絵伝に記される朱塗りの鳥居は、住吉大社の鳥居と考えられます。住吉大社は古くから海上安全の神を祀る神社として信仰されています。大師にとって住吉は縁のある場所のようで、大師の実家である佐伯直氏の倉庫があったと言われています。

なお現在の住吉大社は少し内陸にありますが、古くは大社の目の前に海が広がり、大社の南側には「住吉津」と呼ばれる、重要な港がありました。遣隋使や遣唐使は、住吉大社で航海の無事を祈った後、住吉津から難波津を経由して九州に向かったとも言います。

そのためか、親王院本には、大師が九州の宇佐八幡において『般若心経』１００巻を書写し、航海の無事を祈った説話が載せられています（第２巻【渡海祈願】）。

〔図表82〕宇佐八幡にて渡航安全を祈り写経する

5　小結　―弘法大師の多様な伝説

即身成仏して衆生を見守る

　第2章では、大師をめぐるさまざまな信仰や伝説を紹介しました。大師は最初から大師であったわけではなく、空海師が大師号を賜ることを出発点として、一人の人間から、信仰の対象である〈お大師さま〉になっていきます。

　そのため大師は一介の僧として入滅したのではなく、即身成仏した仏として入定し、今も我々を見守っているわけです。

　さらにそれは何故かと言えば、大師が弥勒菩薩と同体であり、遠い未来まで人々を救済する大誓願を持っていたと考えられているからです。

　またいわゆる末法思想の流行も、無関係ではありません。末法思想とは、釈尊が説いた真実の教えが正しく伝わり、修行によって悟りを得る人がいる時代（正法）が過ぎると、次の時代では教えが伝わっていてもそれは表向きだけで、すがたかたちは修行者に似ているけれども正しく悟る人がいない時代（像法）が来て、最後には教えがあったとしても、修行する人もさとりを得ることもなくなる時代（＝末法）が来る、という仏教の歴史観を指します。釈尊が入滅し、次の弥勒菩薩が仏となるまでの〈無仏〉の間、つまり仏がこの世におられない末法の時代において、誰が衆生を導いてくれるのか？

　そのため大師自身が、「南無大師遍照金剛」と御宝号を念誦される、いわば聖なる存在、あるいはあえてこの世に留まって衆生を導く存在として信仰の対象となったのです。

　現在でも全国各地に大師が掘ったとされる井戸や温泉があり、多様な大師の伝説が残っています。もちろん学術的にはそれらすべてが大師の事跡とは言えませんが、人々がどれほど大師に救いを求め、信仰されたのかがよくわかります。

　その代表的な例として、四国には大師の遺跡を巡る八十八ヶ所霊場遍路があります。遍路は現在も深化を続け、人々が大師の跡を追い続けています。

　それでは次章では、大師に関わる聖地の中の聖地である高野山を取り上げて、大師が開かれた高野山とはいかなる場所かを探ってみたいと思います。

98　第2章　弘法大師信仰　―弘法大師はなぜ信仰されるのか

第3章

高野山信仰
──天空の聖地　高野山を訪ねてみよう

1　高野山の開創
─高野山はなぜ開創されたのか

高野山の開創を願い出る

　高野山は紀伊国伊都郡、現在の和歌山県伊都郡にあります。古来より紀伊山地の深い山々に囲まれ、京都の南に位置することから、「南山」と言い習わされてきました。

　近年では平成16（2004）年に世界遺産に登録され、平成27（2015）年には開創1200年を迎えるなど、1000年以上の歴史を持つ、日本仏教を代表する信仰の聖地であります。

　そんな高野山が開創されたのは、弘仁7（816）年のことです。大師自身の言葉で、高野山の地がいかなる場所であったかを見てみます。

空海少年の日、好んで山水を渉覧して、吉野より南に行くこと一日、更に西に向って去ること両日程にして、平原の幽地有り。名づけて高野と曰う。計るに紀伊の国伊都の郡の南に当れり。四面高嶺にして人蹤、蹊絶えたり。今思わく、上は国家の奉為に、下は諸の修行者の為に、荒藪を芟り夷げて、聊か修禅の一院を建立せんと。

（『性霊集』9）

　これを現代的な表現で言いますと、私空海がまだ若い頃、自ら望んで山々や水辺の自然の中を修行のために渡り歩きましたが、吉野より南に行くこと一日、さらに西に向かって二日ほど行ったところに、「高野」という幽玄なる平地があります。調べてみますと、紀伊国伊都郡の南に当たるところです。四方を高い峰々に囲まれ、人が通った跡の道もない場所であります。今思い願うことは、一つには国家のため、一つには多くの修行者のために、荒れ地の雑草を刈り平らげて、立派なものではありませんが修行のための寺院を建立しようとすることです、といったところでしょうか。

　これは大師が嵯峨天皇に対して、高野山の地を下賜して頂きたいと願い出たものです。この当時、土地は基本的には国有地ですので、大師も朝廷に対して

寺院建立のための許可を申請したわけです。

　またここで注目されるのは、大師が吉野を基準として、高野山を説明していることです。現在の我々からすると、吉野を基準として、高野山の場所を説明することに違和感を抱きますが、この当時の吉野は、すでに山岳修行の拠点の一つでありました。

　ですから、大師が若い頃に高野の地を初めて訪れたときには、どうやら吉野を通って高野山に来たことも想像できるわけです。

高野山が選ばれた理由

　それではなぜ大師は、高野の地を請い願ったのでしょうか。

> 金刹銀台（きんせつぎんだい）、櫛（くし）のごとくに朝野（ちょうや）に比（なら）び、義を談ずる龍象（りゅうぞう）、寺毎（てらごと）に林を成す。法の興隆（こうりゅう）是（ここ）に於（お）いて足（た）んぬ。但恨（ただうら）むらくは高山深嶺（こうざんしんれい）に四禅の客乏（とも）しく、幽藪窮巌（ゆうそうきゅうがん）に入定の賓希（ひんまれ）なり。実（まこと）に是（こ）れ禅教未だ伝わらず、住処相応（じゅうしょそうおう）せざるが致す所なり。今、禅教の説に准（じゅん）ずるに、深山（しんざん）の平地（びょうち）、尤（もっと）も修禅に宜（よろ）し。
>
> （『性霊集』9）

　すなわち、立派な伽藍を持つ寺院が櫛（くし）の歯のように至る所に立ち並び、仏法の教義を論じる名僧・高僧が寺ごとに林のように集まっておられます。そのため仏法の興隆は、一見すれば十分であるかのように思われます。しかし残念なことは、高山深地にあって四つの禅定の修行をなす人が少なく、奥深い森林や深山の岩壁で禅定に入って（入定）修行する人物もまれであります。これは密教の禅定の教えが未だに全く伝わらず、修行にふさわしい場所がないためであります。今、密教の教説に照らし合わせてみますと、深山の中の平地こそが最も修行に適しているのであります、と述べます。

　実は密教の経典には、修行に適した土地の条件がいくつか説かれています。例えば『大日経』の註釈書である『大日経疏（だいにちきょうしょ）』には、次のように説かれています。

101

> 金剛頂の大本と及び蘇悉地等の経に広く地相を説く。然して其の大意は、今此の世界は、自ら余の浄域の怛然（担然？）として平正なるに如かず。但し下の文に説く所の諸の勝処の中に随って、平正端厳にして円壇を造るべき処を択び取るべし。（中略）但し説く所の勝処の中に随って、少分にも平正にして浄治すべき処有らば、便ち此の中に於いて万徳の漫荼羅を開き出すべし。（中略）偈に云わく、「山林に花果多く、諸の清泉に悦意す。諸仏の称歓する所にして、応に円壇の事業を作すべし」とは、諸の勝処の中には、最も山林を以て上と為す。重厳なる衆くの峯、端厳にして幽寂なりと雖も、若し花果と流泉無くば人の楽わざる所にして、則ち衆縁多く闕いて亦た住するに堪えず。故に須らく種種の名花と甘実と有るべし。兼ねて清浄なる泉池有って情の愛悦する所の処ならば、則ち是れ仏の称歓する所にして、漫荼羅の事業を作すべきなり。　　　　　（『大日経疏』3）

　これらの文からわかる密教修行に最適な土地の条件とは、次のようになります。

　①清浄な地域であること

　②平地であること

　③峰々に囲まれた幽寂な山林であること

　④花や果実が多い場所であること

　⑤泉や池、川などの清浄な水がある場所であること

　これはあくまで温暖なインドでの条件を考えなければならないので、真冬には零下１０℃まで気温が下がる高野山で果実を得ることが難しいことはさておき、密教の実践を行う人材育成の場として、山林の中の清浄なる平地である高野山は、その条件に最も当てはまる場所であるわけです。

2　高野山の歴史
―高野山はなぜ1200年続いてきたのか

高野山の発展

　高野山は都から遠く離れた深い山の中にあったこともあり、大師の在世中

には、当初大師が設計した伽藍の諸堂は未だ完成をみませんでした。そのため、大師の入定以後は、弟子の真然師が整備を担います。（→修禅の一院）

しかし、その真然師が入滅すると、『三十帖策子』という大師が唐より持ち帰った経典等の冊子本の帰属問題が起こり、結果として高野山は東寺の支配下に置かれます。また度重なる天災（特に落雷による火災）により、何度も諸堂が焼失します。（→東寺の末寺）

それでも大師自身への信仰、その大師がおられる高野山への信仰が高まるにつれ、皇室や貴族、武士から一般庶民の参詣や帰依により発展していきます。

高野山への信仰とは、高野山は大師が入定した地であり、この世の浄土であるとする信仰であり、これが世に広まり、盛んに高野山に埋経や納骨が行われたり、供養塔が建立され、現在でも奥之院に多くの供養塔を見ることができます。

このような高野山浄土信仰が広まる背景には、高野聖とよばれる人々の活躍があったことも忘れてはなりません。（→諸人が集う中世寺院）

高野聖とは、高野山は浄土であるとする信仰と、大師は入定されてこの世に身を留めておられるとする信仰を持ち、口称念仏しながら全国をめぐり歩いた人々で、最初から高野山で学問や修行をしていたのではなく、他所からやってきたわけです。

高野聖の中には、密教の教えと乖離したり、堕落する者も現れたため、後世には蔑視されて弾圧を受けることもありましたが、その寄付を募る勧進活動は、高野山教団の隆盛に大きく貢献しました。（→荘園領主としての大寺院）

また長い歴史の中で、織田信長や豊臣秀吉によって攻められそうになったこともありますが、逆に豊臣家や徳川家をはじめとした大名の帰依をうけ、江戸時代には一般庶民の参詣も増え、明治時代には女人禁制が解かれるなど、いつの時代も人々の信仰を集めていました。（→天下の菩提所）

現在も高野山真言宗の総本山として、真言密教の学問と修行の道場であり、大師信仰の聖地として現在に到っています。（→学修の道場・信仰の聖地）

高野山略年表

８１６年	６月	嵯峨天皇に、高野山の下賜を願い出る
	７月	嵯峨天皇より勅許が下る
８１７年		実慧師や泰範師らが高野山に派遣される
８１８年	１１月	大師が勅許後に、初めて高野山を訪れる
８１９年	５月	高野山を結界し、伽藍の造営に着手する
８３５年	３月	大師入定
８４７年		中門が落慶する
８８７年	５月	西塔と真言堂が完成（大師が設計した諸堂の完成）
８９１年	９月	真然師入滅
９００年		宇多法皇が高野山を参詣する
９１６年	８月	『三十帖策子』の帰属問題
９１９年	９月	東寺長者の観賢師が高野山の座主職を兼務する
９２１年	１０月	弘法大師の諡号を賜る
９５２年	６月	奥之院の御廟が落雷によって焼失（５年後に再建）
９９４年	７月	大塔に落雷し、御影堂以外の諸堂が焼失し衰頽する
１０１６年		祈親上人が高野山復興事業に着手する
１０２３年	１０月	藤原道長が高野山を参詣する
１０４８年	１０月	藤原頼通が高野山を参詣する
１０８８年	２月	白河上皇が高野山を参詣する
１１０３年	１１月	大塔が再建される
１１２４年	１０月	鳥羽上皇が高野山を参詣する
１１３２年	１０月	覚鑁師が大伝法院を建立する
１１４０年	１２月	覚鑁師が根来寺へうつる
１１４９年	５月	大塔に落雷し、焼失
１１５６年	４月	平清盛を奉行にして、大塔が落慶する
１１５９年	７月	美福門院の御願により、（六角）経蔵が落慶する
１１６９年	３月	後白河上皇が高野山を参詣する
１１９８年		行勝上人が一心院の本堂（現在の不動堂）を建立
１２０７年	３月	後鳥羽上皇が高野山を参詣する

１２２３年		北条政子が金剛三昧院を整備する
１２５３年	７月	鳥羽宝蔵にあった飛行三鈷杵が高野山へ戻される
１２８５年		石造りの町石が完成
１３３４年	８月	後醍醐天皇の御願により、愛染堂が建立される
１３４４年	３月	足利尊氏が高野山を参詣する
１３８９年	９月	足利義満が高野山を参詣する
１４０６年		竪精論義が始められる （「応永の大成」と称される教学の隆興）
１５８１年	８月	織田信長が高野攻めを開始する
１５８５年	４月	豊臣秀吉と和議を結ぶ（木食応其上人の活躍による）
１５９４年		豊臣秀吉が高野山を参詣する
１５９５年	７月	豊臣秀次が高野山で自害する
１５９９年	３月	石田三成が奥之院に経蔵を建立する
１６４３年		徳川家霊台が完成する
１６３０年	１０月	大塔に落雷し焼失する
１７０５年		大門（現存）が再建される
１８３５年		西塔（現存）が再建される
１８４３年	９月	大塔に落雷し焼失する
１８４８年		御影堂（現存）を紀伊徳川家が再建する
１８６９年		青厳寺と興山寺を合併して、金剛峯寺とする
１８７２年	３月	女人禁制が解かれる
１８８６年		高野山大学が設立される
１９２１年		霊宝館が完成する
１９２９年		極楽橋までの鉄道（翌年にケーブルカー）が開通する
１９３２年	９月	金堂（現存）が再建される
１９３７年	４月	大塔（現存）が再建される
２００４年	７月	世界遺産に登録される
２０１５年	４月	中門（現存）が再建される

3 高野山の地理
─高野山ってどんなところ？

高野山という山はない

　一般に高野山とは、標高９００〜１０００メートル級の峰々と、それらに囲まれた標高８２０メートル前後の盆地状の平地をさします。

　ただし地名としての高野山はともかく、何を隠そう〈高野山〉という山は存在しません。現代の高野山へのアクセスは、車で右に左にと山道を登ったり、大阪の難波から電車とケーブルカーを乗り継がなければなりません。

　しかし山を登り切り、一歩山内に足を踏み入れると、そこはこれまでとは異なる町並みが拡がっています。実際の高野山は山の中には間違いありませんが、むしろ平地です。

　実は高野山と言うのは、いわゆる「山号」とよばれるもので、例えば富士山であるとか、金剛山とかの実際にある山の名前ではありません。

　山号とは、もちろん実際の所在地にある山の名前が付されることもありますが、例えば〈成田山新勝寺〉という有名な真言宗の寺院の場合、「成田山」は実際にそこに高い山があるわけではありません。つまり成田山などの山号とは、実際の山の名前ではなく、言わばお寺の別称のようなものです。宗派の中心的な寺院を「本山」とか「総本山」と呼びますが、これもいわば「山＝寺」であり、「本寺」（対となる言葉が「末寺」）の意味です。

　成田山の場合は、新勝寺という寺名よりもむしろ成田山の呼称のほうが知られているとさえ言えるかも知れません。

　なお山号は、インドで釈尊が霊鷲山で説法されたことを由来として、中国で五台山・天台山などの霊山と呼ばれる山々にお寺がつくられたことが基になっています。つまり山々に寺院が建立されたことを起源として、たとえ平地に寺院が建立されたとしても、その慣習にしたがって山号が付されるわけです。

　高野山の場合、正式名称は〈高野山金剛峯寺〉ですから、高野山とは金剛峯寺の別称となるわけです。

106　第３章　高野山信仰　─天空の聖地　高野山を訪ねてみよう！

第1節でみたように、この高野山の山号は、大師自身が「高野」という地名を使っていますから、山号は地名からとったものと思われます。一方、金剛峯寺の名称は『金剛峯楼閣一切瑜伽瑜祇経』という経典名にちなんでいます。

八葉の峰

　高野山の平地を囲む峰々は、平地をぐるっと蓮の花のように取り囲んでいることから、八葉の蓮の花にたとえられ、「八葉の峰」と称されています。

〔図表83〕

　その八葉の峰々は、それぞれ内と外の八葉があり、諸説あるものの、「外八葉」と「内八葉」は次のようになります。

※「外八葉」

今来峰・宝珠峰・鉢伏山・弁天岳・姑射山・転軸山・楊柳山・摩尼山

　なお転軸山・楊柳山・摩尼山は「高野三山」と呼ばれています。

※「内八葉」

伝法院山・持明院山・遍照峰・薬師院山・御社山・正智院山・真言堂山・勝蓮華院山

　これらの名称については、書物によって違いが見られることから、大師の時代は明確に決められていたわけではないことが考えられます。鎌倉時代ごろから、当てはめられていったのかも知れません。ここにあげたのは『紀伊続風土記』の説です。

〔図表84〕弁天岳から大塔を望む

女人道

　「外八葉」と呼ばれる峰々の尾根を結んだ山道の一部（特に大門～弁天岳～不動口）は「女人道」と呼ばれ、かつて高野山が女人禁制であった時代には、女性たちはこの道をめぐって高野山を参詣していました。

　またこの道は高野山の内外を分かつ結界ともなって

〔図表85〕山内図

108　第3章　高野山信仰 ―天空の聖地　高野山を訪ねてみよう！

いるので、その内側が女人禁制の地＝高野山の境内地であったわけです。

　高野山は明治5（1872）年に、法律的には女人結界が解かれました。ただし長年の慣習を一気に変えることは難しく、山内での商家の結婚式に対して不買運動が起こったり、自主規制の形で規則がつくられたりと、しばらくは山内住侶の反対が根強かったようです。しかし女性参拝者の増加という時代の流れには逆らえず、明治14（1881）年の大塔再建の起工式には、女性の山内寺院宿泊が許可され（それまでは女性専用の参籠所をつくって、寺院から食事の膳を運んでいました）、明治38（1905）年に女性の住居が正式に認められました。

高野七口

　女人道の途中には、山内へアクセスするための主要な出入り口として、「高野七口」があります。

だいもんぐち　ふ どうぐち　くろ こ ぐち　おおみねぐち　あい　うらぐち　おおたきぐち　りゅうじんぐち
大門口・不動口・黒河口・大峰口・相の浦口・大滝口・龍神口

　大門口にユネスコの世界遺産となった「町石道」、不動口に「京大阪道（高野街道）」、大滝口に「熊野街道（小辺路）」が接続しています。

　また大師は、嵯峨天皇に高野山を賜わることを願い出た際に、吉野を基準として高野山を説明しており、大師が若いときに大峰口あたりより高野山に入った可能性もあります。

　正保3（1646）年の古絵図では、安田口、不動口、熊野口、相の浦口の四口が見え、元禄6（1693）年頃までに七口が成立したようです。

十谷

　それでは次に、高野山内、つまり金剛峯寺の境内に目を移してみます。高野山の境内は、壇上伽藍と奥之院と十谷で構成されています。壇上伽藍と奥之院は後に記すとして、ここでは十谷を挙げてみます。

さいんだに　みなみだに　たにがみいんだに　ほんちゅういんだに　お だ わらだに　おうじょういんだに　れん げ だに
西院谷・南谷・谷上院谷・本中院谷・小田原谷・往生院谷・蓮華谷・
せんじゅいんだに　ご の むろだに　いっしんいんだに
千手院谷・五之室谷・一心院谷

109

このうち、西院谷や南谷は壇上伽藍から見た方角によって名前がついたと思われます。また本中院谷、往生院谷、蓮華(蓮華三昧院)谷、千手院谷、五之室(光台院=高野御室)谷、一心院谷は、その谷にあった寺院の名前から、また小田原谷は、現在の京都府木津川市にある浄瑠璃寺付近(浄瑠璃寺の山号は小田原山)で隠棲していた僧侶(高野聖の祖とされる教懐師)が、寛治年間頃にこの谷に居住したことによります。

　各谷には塔頭の子院が立ち並び、いわば地区や町内のような共同体を形成していました。そしてそれぞれの谷ごとに共用の施設(堂宇や湯屋など)が存在し、講などが行われていました。

　その他に、「別所」と呼ばれる念仏を唱える聖たちが集まる場所もあります。例えば、奈良東大寺の大仏勧進で知られる重源上人が再興した「真別処」と呼ばれる場所は、現在でも女人禁制の地(年に1度だけ参拝が許されます)です。

　かつて山内の塔頭寺院(子院)は、正保3(1646)年の記録で1865ヶ寺でありました。それが現在は117ヶ寺に整理・統合され、その約半数が宿坊を兼ねています。

　どの寺院もそれぞれに伝統と魅力があり、高野山を訪れた際には、ぜひ宿坊に泊まって、精進料理や朝の勤行などを体験することをオススメします。

〔図表86〕精進料理(大明王院)

高野山宿坊一覧（５０音順）

安養院（あんにょういん）
一乗院（いちじょういん）
恵光院（えこういん）
北室院（きたむろいん）
熊谷寺（くまがいじ）
光台院（こうだいいん）
光明院（こうみょういん）
金剛三昧院（こんごうさんまいいん）
西禅院（さいぜんいん）
西南院（さいなんいん）
三宝院（さんぼういん）
西門院（さいもんいん）
地蔵院（じぞういん）
持明院（じみょういん）
釈迦文院（しゃかもんいん）
常喜院（じょうきいん）
清浄心院（しょうじょうしんいん）
成就院（じょうじゅいん）
正智院（しょうちいん）
上池院（じょうちいん）
成福院（じょうふくいん）
親王院（しんのういん）
赤松院（せきしょういん）
総持院（そうじいん）
増福院（ぞうふくいん）
大円院（だいえんいん）

大明王院（だいみょうおういん）
高室院（たかむろいん）
天徳院（てんとくいん）
南院（なんいん）
西室院（にしむろいん）
巴陵院（はりょういん）
福智院（ふくちいん）
普賢院（ふげんいん）
不動院（ふどういん）
普門院（ふもんいん）
遍照光院（へんじょうこういん）
遍照尊院（へんじょうそんいん）
報恩院（ほうおんいん）
宝亀院（ほうきいん）
宝城院（ほうじょういん）
宝善院（ほうぜんいん）
本覚院（ほんがくいん）
本王院（ほんのういん）
密厳院（みつごんいん）
明王院（みょうおういん）
無量光院（むりょうこういん）
桜池院（ようちいん）
龍光院（りゅうこういん）
龍泉院（りゅうせんいん）
蓮花院（れんげいん）
蓮華定院（れんげじょういん）

111

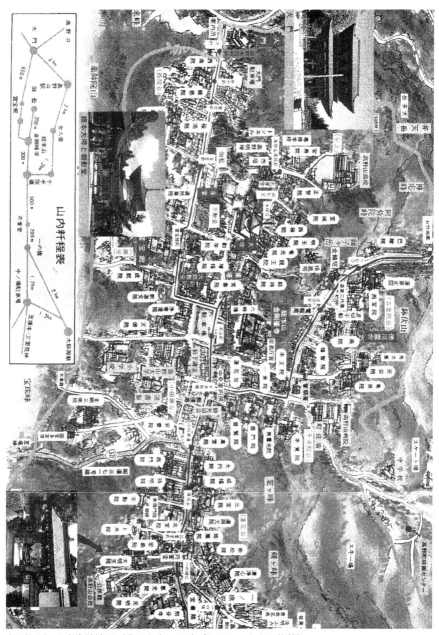

〔図表87〕山内宿坊地図（高野山大明王院パンフレットより抜粋）

4 壇上伽藍
―壇上伽藍を参拝してみよう！

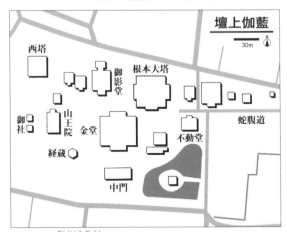

〔図表88〕壇上伽藍略図

　壇上伽藍は、高野山において奥之院とならぶ聖地の中の聖地の一つです。そのため、壇上伽藍と奥之院は「両壇」と呼称され、両所を参拝することが重視されます。高野山では、両所を参拝することを、「両壇参拝」と言います。ともすると、高野山を訪れる方々の中には、奥之院だけを参拝される方も散見されますが、本儀ならば僧俗を問わずに、両壇を参拝することが、本当に高野山を参拝したことになるのです。

　その歴史は古く、平安時代後期に源師時が記した日記である『長秋記』には、高野山に詣でる人は必ず御影堂を礼拝することが記されています。

　高野山の僧侶は、壇上伽藍や奥之院にある堂宇をどのような順番で巡り、どのようなお経や真言を唱えたらよいかという次第を授けられて、これを頼りに両壇を参拝します。

　両壇を参拝する次第としては、古くは栂尾の明恵上人（１１７３―１２３２）が記した次第などがあります。本節ではこれらの両壇の参拝次第を基にして、壇上伽藍や奥之院などの高野山の主要な堂宇について紹介します。

113

○大門

〔図表89〕大門

　大門はご存じの通り、壇上伽藍にあるわけではありませんが、高野山の〈総門〉に当たる大事な場所です。

　ただし現在の大門は、江戸時代の宝永2（1705）年に再建されたものですが、平安時代中頃に楼門形式となって、現在地に建てられるまでは、現在よりも約500メートル下に建てられた〈鳥居〉が高野山の総門でした。

　鳥居は現在ではいわば〈神社の門〉とするのが一般的な認識ですが、高野山の鳥居は日本における鳥居の用いられ方の原初形態を示す一例と言えます。

　ところで大門の柱には、聯という文字が書かれた板が二枚かかっているのですが、ここには「日々の影向を闕かさず、処々の遺跡を検知す」と書かれています。

114　第3章　高野山信仰　―天空の聖地　高野山を訪ねてみよう！

その意味は、大師は自らと縁のある旧跡や遺跡を見回って、日々そこに現れる、という意味です。つまり大師は日々、何か問題はないか、困っていたり苦しんでいる人はいないかと、所縁のある場所にあらわれるわけです。これはいうならば、「同行二人」ということでしょうか。

この文は、「日々影向文」と呼ばれるものの一部で、東寺の勝実僧正という僧が、善通寺の別当として赴任したときに、大師自筆の「日日影向文」を発見したとする説話が、親王院本の【遺跡影向】に記されています。

○ 中門

〔図表90〕中門

大師の弟子の一人である実慧師によって建立された、壇上伽藍に入るための門でしたが、焼失と再建を繰り返し、天保14(1843)年の焼失以降、再建されていませんでした。それが平成27(2015)年の高野山開創1200年記念法会の際に、約170年ぶりに再建されました。

中門は元々、持国天と多聞天(毘沙門天)の二天をまつる門でしたが、平成の再建に際しては、四天王をまつる門となりました。

115

〔図表91〕持国天

〔図表92〕多聞天

〔図表93〕広目天

〔図表94〕増長天

○金堂
こんどう

〔図表95〕現在の金堂

　大師が高野山を開創した当初から配置されていた堂宇で、元々は講堂として建てられたと言われています。

　ただし長い歴史の中で、金堂は6回も焼失しており、6度目の焼失前の金堂の写真が残っています(図表96)。現在の金堂とは異なり、二階建てであったことがうかがえます。

　ところで金堂の6度目の焼失というのは、実は昭和元(1926)年12月26日の出来事でした。その前日の12月25日に大正天皇が崩御しており、高野山はまさに〈激動の昭和〉の幕開けとなったわけです。

　しかし、昭和9(1934)年に弘法大師御入定1100年御遠忌を控えていたため、金堂は昭和7(1932)年に再建されました。現在の金堂は武田五一氏や天沼俊一氏が設計した鉄筋鉄骨のコンクリート構造で、外部に木材を貼り付ける工法により建てられています。

〔図表96〕先代の金堂(『高野山名勝画帖』、数珠屋四郎兵衛、1915)

　なお武田氏は、「関西建築界の父」とも称される建築家で、京都帝大の建築学科創設にも関わっています。武田氏が関与した代表的な建築物として、高野山大学図書館、肥後橋などの大阪市内の橋や、京都市役所、そして国会議事堂などがあります。また天沼氏は、現在の大阪城天守閣のデザインを担当したことで知られています。

　また金堂には一つ大きな問題があります。それは、まつられる御本尊をめぐる問題です。公式的には御本尊は薬師如来とされますが、古来よりこれを阿閦如来とする説があり、その姿はまさに阿閦如来です。薬師と阿閦は本来、別々の仏ですが、いずれにしても両仏を同体とみなす見方もあったようです。

　ただし大師開創以来の御本尊は、昭和元年の火災で灰燼に帰すことになってしまい、現在は「老猿」や上野公園の西郷隆盛の銅像の制作で知られる高村光雲氏制作の本尊が奉られています。なお御本尊は、平成27(2015)年に、安置以来はじめて開帳されました。

〔図表97〕金堂内陣

　さらに金堂内部には、平清盛の頭の血をまぜて描いたとされる両部曼荼羅（血曼荼羅、原本は霊宝館蔵）や、岡倉天心氏に師事し、横山大観画伯らと同門の木村武山画伯による壁画などを目にすることもできます。
　このように現在の金堂は、近代美術や建築を代表するものでもあります。

○ 経蔵
　その形から「六角経蔵」と呼ばれます。また鳥羽院の皇后であった美福門院得子が、鳥羽院の追善供養のために、この経蔵を建立して一切経を納めましたが、その費用に自分の荘園である荒川荘を寄進したことから、「荒川経蔵」とも呼ばれます。
　美福門院は大師や高野山に対する帰依が深く、自らの遺骨を高野山に納骨するよう命じました。高野山の不動院の境内には、美福門院陵がありますが、高野山は女人禁制であったため、当時はその是非が問題となったようです。

119

〔図表98〕六角経蔵

　現在の経蔵は昭和8（1933）年に建てられたもので、基壇下に取っ手があり、これを押して自ら経蔵を回ることで、一切経を読誦したのと同じ功徳を得ることができると言われています。

○御社

〔図表99〕御社

　高野山で最も早く整備されたと言われる建物で、「みやしろ」・「おんしゃ」と呼ばれています。この地を治めていた丹生明神と高野明神、十二王子・百二十伴神（高野山を守護する眷属の神々）などをまつります。
　両壇を参拝する次第では、さらに気比明神と厳島明神を礼拝しますが、これは行勝上人の夢の中に丹生明神が現れて、越前国（現在の福井県）敦賀の気比明神と安芸国（現在の広島県）宮島の厳島明神らと共に密教を護持する、と告げたことにより、山麓の天野大社に両神が奉られたとする説話によります。高野山では、丹生明神・高野明神・気比明神・厳島明神の四柱の神々は「四社明神」と呼ばれて大切にまつられています。
　ちなみに丹生明神が胎蔵大日如来、高野明神が金剛界大日如来、気比明神が千手観世音菩薩、厳島明神が弁才天、という風に、各神はそれぞれに示した仏の化身であると考えられています。これを専門的には〈本地垂迹〉と言い、神仏習合の形態の一つです。
　前述しましたが、神仏習合とは寺院の中に日本の八百万の神々を祀ったり、

神社に仏像が安置されるように、外来の宗教である仏教と、日本古来の宗教である神祇信仰（神道）が深く結びついた思想や現象です。

高野山のようにお寺の中に社があるというような神仏習合の形態が、日本の歴史上は一般的でした。その意味では、高野山は日本の古い信仰形態を今に残す貴重な場所でもあるわけです。

ところで御社の前には、拝殿に当たる山王院という建物があります。山王院では、毎月１６日に「山王院月並問講」、毎年旧暦５月３日夕方～翌朝には「竪精」と呼ばれる論義に関する法会などが行われます。

論義とは、さまざまな教説や問題点について問答を行い、不審な点を明らかにしたり、密教教理の理解をさらに深めようとするものであり、一種の学修システムの側面もあります。

つまり高野山では学修の過程や成果を神前にて披露するのであり、学問の研鑽に励むことそのものが、お供えともなる重要な責務であるわけです。

○西塔

〔図表100〕西塔

大師の伽藍構想では、大塔と対になる建物です。初代は大師入定から５０年あまりたった頃に落慶しましたが、経済的な理由で、規模が縮小されたようです。
　現在の建物は天保５（１８３５）年に再建されたもので、西塔の近くにある正智院(しょうちいん)の住職が二十数年、三代にわたって私財をなげうち、勧進をして再建したものです。
　内部には、金剛界大日如来と胎蔵四仏（宝幢如来(ほうどう)・開敷華王如来(かいふけおう)・無量寿如来(むりょうじゅ)・天鼓雷音如来(てんくらいおん)）がまつられていますが、特に金剛界大日如来（原物は霊宝館）は平安初期の開創当時の仏像であると考えられていて、高野山最古の仏像の一つです。
　特に密教では、たくさんの仏・菩薩・天などの尊格が存在しています。そのため仏像もさまざまな姿で表現されていますが、ぜひ仏像の手や持物に注目してください。例えば金剛界大日如来は「智拳印(ちけんいん)」という印を結んでいて、仏像鑑賞のポイントの一つです。

〔図表101〕金剛界大日如来

○御影堂
み え どう

〔図表102〕御影堂と三鈷の松

　御影堂の御影とは、大師の弟子である真如法親王真筆といわれる、いわば大師の肖像画を安置しています。
　大師が入定された旧暦の３月２１日に「旧正御影供」が行われ、前日の夜の「御逮夜」では、一般の方も堂内に入ることができます。御逮夜に行われる行事では、宗教舞踊が奉納されたり、御影堂のまわりに花とロウソクが一面に供えられる幻想的な風景を見ることができます。
　また御影堂は信仰上も大変重要な建物ですが、一方で金庫や保管庫としての役割をも併せ持っていました。かつて御影堂裏の宝蔵には、貴重な仏像・仏画・諸経典・仏具・古文書や奉納品などが納められていました。
　そして御影堂の前にたつのが、〈三鈷の松〉です。三鈷の松については第１章の記述に譲りますが、三鈷の松自体は、実際には何度も植え継ぎや植え替えが行われています。また古い時代の史料には〈松〉とまで限定されてお

らず、三鈷杵が引っかかっていた「樹(き)」があった場所に、大塔が建てられたとの伝承もあります。
　いずれにせよ、現在でも、三鈷にちなんだ三本葉の松葉を拾う参拝者の姿を見かけますが、白河上皇が高野山に登山されたときの記録にも、結縁のために実や枝を持ち帰る者もいたことが記されています。

○大塔(だいとう)

〔図表103〕大塔

　言わずと知れた、高野山の中心的シンボルですが、実は江戸時代末期に落雷による火事で焼けてから、１００年近く再建されませんでした。つまり高野山に大塔が見当たらない時代があったことは、今では想像もできません。
　現在の大塔は、大師の御入定１１００年御遠忌記念事業として、昭和１２（１９３７）年に完成しました。壁画は宗教画で高名な堂本印象(どうもといんしょう)画伯が担当しています。
　なお創建当時より大塔は、高さ１６丈（約４８メートル）もの巨大な建造物で、大師在世中には完成をみませんでした。

〔図表104〕大塔内部

　塔内には、中尊の胎蔵大日如来、金剛界四仏の阿閦如来、宝生如来、観自在王如来、不空成就如来を安置しています。他にも柱には金剛界曼荼羅を代表する十六大菩薩、四隅の壁面には真言八祖が描かれています。

　大塔は西塔と対になることはすでに述べましたが、塔内の仏像も金剛界（西塔）と胎蔵（大塔）という両部曼荼羅の中尊と四仏が入れ替わって安置されています。これによって、両部が一見すると別なものに見えるけれども、本来は別々ではなく一つであるという〈両部不二〉の教えを表しています。

> 大 塔―胎蔵大日如来―金剛界四仏
> 西 塔―金剛界大日如来―胎蔵四仏

　ただしこのようなハイブリッドな配置は他に例がなく、大塔か西塔のいずれかが焼失した時期の応急的な処置とも考えられています。つまり創建当時は、今のような仏像の配置ではなかった可能性が高く、時代によって変わっていったわけです。ただ今となっては、むしろその両部不二という教えをよくあらわしているとも言えます。

○不動堂

〔図表105〕不動堂

　建久8（1197）年、鳥羽上皇の皇女である八條女院暲子内親王が発願し、行勝上人によって建立されました。現在の建物は、高野山内では金剛三昧院の多宝塔に次いで2番目に古く、14世紀に再建されたものです。

　鳥が羽をひろげたような優美な形で、建物そのものが国宝に指定されています。元々は一心院谷と言う別の場所にありましたが、明治41（1908）年に現在地に移されました。

　近年の解体修理報告書によると、元々は僧侶が最後の臨終を迎えるためのお堂だったのではないかともいわれています。つまり現代のホスピスに当たる建物ということになります。とすれば、死を受け入れ迎えるための「臨終行儀」（ターミナルケア）が行われていたに違いありません。

　臨終行儀とは、病院が無い時代に、自らの死を迎えるに当たっての具体的な読経・真言の唱え方などの作法であり、一方で看取る側の配慮やケアの方法でもあります。

さて不動堂は建物はもちろん、まつられていた仏像も有名です。それが運慶作で知られる八大童子です。
はちだいどうじ

〔図表106〕制多伽童子　　　　　　　　矜羯羅童子

○蛇腹道
じゃばらみち

〔図表107〕蛇腹道

高野山は、東西には龍が横たわり、南北には虎が伏す(『遍明院託宣記』)、といわれており、この道の名は龍の腹に当たることに由ります。
　伝説として、この道では地主の明神さまが、弓矢の稽古をしているから、真ん中を歩いてはいけない、と伝わっています。これは、葵祭で有名な京都の上賀茂神社の賀茂別 雷 命の父神が、丹塗の矢であったことからもわかるように、矢とは神自身をもあらわします。つまり矢が通るとは、神が通るということであり、道の真ん中は神が通るべき場所であることを示しています。「一休さん」の頓知話に登場する「このはし(橋・端)渡るべからず」とは逆ですが、人が道の真ん中を歩くことを戒めたものなのです。

○金剛峯寺

〔図表108〕金剛峯寺

　本来、金剛峯寺とは高野山全体をさしますが、現在、金剛峯寺と呼ばれる建物は、金剛峯寺の寺務所や宗派の宗務所、つまりオフィスに当たります。現在の金剛峯寺の地には、かつては真然大徳の住坊があり、また中世には大伝法院という覚鑁上人方の大寺院がありました。高野山は長い歴史の中で

常に一枚岩であったわけではなく、例えば平安時代後期〜鎌倉時代後期（１１世紀〜１３世紀）には、山内は金剛峯寺方・大伝法院方・金剛三昧院（北条政子が、夫である源 頼朝や息子である実朝などを弔うために創建した寺院で、初代長老は、臨済宗を開いた栄西禅師の高弟である行勇師が務めています）方という三つの勢力に分かれていました。これが後に大伝法院方が根来に移るなどして、山内が金剛峯寺方に統一されますが、なお職分として学侶方（学問や法会を行う僧侶）・行人方（事務方や堂守）・聖方（念仏や勧進を行う）に分かれています。

　現在の金剛峯寺は、豊臣秀吉が建立した青巌寺（学侶方）とそれに隣接する興山寺（行人方）という二つの寺院を明治２（１８６９）年に合併して、金剛峯寺と称するようになりました

　なお金剛峯寺には、各種の襖絵や広い台所の他、「蟠龍庭」という日本最大級の（２３４０㎡）の石庭などがあり、見所の多い場所です。

5　奥之院
―奥之院を参拝してみよう！

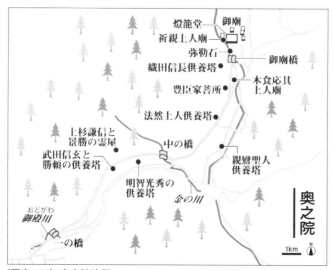

〔図表109〕奥之院略図

奥之院とは

　高野山の奥之院とは、一の橋から中の橋、そして大師が入定している御廟へと到る地域を指します。御廟へ続く参道の両脇には、２０万基を越える、多くの墓や供養塔がたち並んでいます。

　中世以来、高野聖によって、高野山が浄土であることが宣伝され、全国から納骨や納髪などが行われて、多くの供養塔が建立されました。このように人々がこぞって高野山に納骨などを行った目的とは、大師の近くで安らかに眠りたい、という願いのみに留まらず、５６億７千万年後に弥勒菩薩がこの世に現れて説法されることを、高野山と言うこの世の浄土で、万全を期して静かに待つためでもあります。そのために、聖地高野山の中でも特に聖地とされる奥之院に席を確保したのです。

　その意味では、歴史上の人物、例えば戦国大名などの供養塔が所狭しと立ち並ぶ姿は、たとえこの世では敵味方であっても、大師の御前（弥勒菩薩の説法を聴聞する立場）では怨親をこえてみな平等であることをあらわしています。また浄土宗の開祖である法然上人や浄土真宗の開祖である親鸞聖人の供養塔もあり、宗派を超えて高野山が聖地であることを示しています。

○一の橋

〔図表110〕一の橋

131

別名を大橋とも言い、この一の橋から御廟までの参道は約１．９キロあります。この一の橋より奥之院がはじまるのであり、ここからは高野山の中でも特に聖なる空間（他界）でもあります。そのため僧侶は丁寧に三回礼拝してから、この橋を渡ります。

　ただ近年は、中の橋方面の駐車場から参拝する参詣者の方々も多いかと思います。そちらの駐車場から御廟への参道には、企業や団体の供養塔が多く、そちらも見応えがありますが、ぜひ一の橋から、供養塔や杉木立の中を徒歩で参拝することもオススメします。

○中の橋

〔図表111〕中の橋と地蔵堂

　別名を手水橋とも言い、二番目の橋になります。別名からしても、ここで手を清めるみそぎの場であったことが知れます。少なくとも、そのように認識されていたことは間違いありません。

　これは高野山だけではなく、伊勢神宮（内宮）の五十鈴川をはじめ、たと

え川のない神社でも、わざわざ池を作って太鼓橋を渡るなど、水を通ることでみそぎをするわけです。例えば伊勢神宮への参詣者勧誘と案内のためにつくられた「伊勢参詣曼荼羅」には、実際にふんどし姿で川に入り、みそぎをする人物も描かれています。

　また中の橋のそばの井戸は「姿見の井戸」と呼ばれ、井戸の水面に映った影が薄いと、寿命が短いといわれます。ここにまつられる地蔵菩薩は、「汗かき地蔵」と呼ばれ、人々の罪業を一身に受けて、焦熱の苦を受けているため汗をかいている、とされています。

　このように川のそばで、地蔵菩薩が苦しむ人々を救おうとされる姿は、いわゆる〈賽の河原〉をイメージさせます。賽の河原とは、〈あの世〉と〈この世〉を分かつ〈三途川〉の河原のことで、石を積み続ける子供達を地蔵菩薩が救済する話で知られています。つまり、中の橋は俗世の〈この世〉でない、他界というものを強く意識した空間であるわけです。

○御廟橋

〔図表112〕御廟橋

133

「ごびょうばし・ごびょうのはし」とか、「みみょうのはし」と呼ばれます。平安後期までは、通常は橋が架けられていませんでした。つまり実際にみそぎをして、参拝するためです。事実、天治元（１１２４）年に高野山を参詣した鳥羽上皇は、橋が架かっていたにもかかわらず、あえて川に足をひたしたといいます。

現在は石造りで、橋板が３６枚あり、全体を１枚として合計３７枚と数えます。これは、金剛界曼荼羅の主要な尊が３７尊であることから、この橋を渡り御廟に到ることが、すなわち金剛界曼荼羅の世界に入ることを意味します。ちなみに一の橋なども同数です。

○御廟

〔図表113〕寛政５（１７９３）年『高野山奥院総絵図』（高野山持明院）

御廟は大師が入定されている場でありますが、その御廟の柵の中の一角（御廟に向かって右奥）に御社があります。大師の開創以前から、この場にもともと祠があったのではないかとする見解もあります。

　また柵の外に目を転じると、向かって左側に「骨堂」があり、高野山に納骨されると、最終的にはここに納められます。

　一方、骨堂の反対側には、「一切経蔵」があります。経蔵とは、〈経典を納める蔵〉のことですが、この一切経蔵は、豊臣秀吉の家臣である石田三成が、亡き母のために寄進したものです。

　そして正面手前には燈籠堂があって、いわゆる「祈親灯」や「白河灯」などの消えずの灯籠を奉納している拝堂です。

〔図表114〕燈籠堂

　「祈親灯」とは、祈親上人が献じた灯籠で、この祈親灯については、祈親上人の勧めで貧しい生活の中、自らの髪を切り、それを売って工面したお金で、献灯したと伝わるお照の話に因んで、「貧女の一灯」とも呼ばれます。「長者の万灯より貧者の一灯」と諺にもあるように、心のこもった布施の重要さを説いています。

ちなみに布施とは、サンスクリット語の「ダーナ（dāna）」の訳語であり、ダーナを漢字で音写した言葉が「檀那（旦那）」です。今日でも、自らの家の葬儀や法事を行う寺院を「檀那寺」と呼び、その寺院を支える家を「檀家」と呼んでいます。これが転じて、経済的に裕福な家の主人や、さらに家を経済的に支えている夫をさして、旦那と呼ぶようになりました。

　さて燈籠堂の正面には、大門と同じように、柱に聯がかけられています。そこには、「昼夜に万民を愍れみ、普賢の悲願に住す　肉身に三昧を証し、慈氏の下生を待つ」と書いてあります。これは、大師は昼夜を問わず慈悲の願いを持ってわれわれ衆生を愍れみ、生きておられるが如くその身そのままで禅定に入られて、弥勒菩薩がこの世に現れること（下生）を待っている、という意味であり、先ほどの大門のキーワードが「同行二人」ならば、奥之院はいわゆる「即身成仏」ということになります。

　すなわち大師は即身成仏して、奥之院に今もおわし、５６億７千万年後に弥勒菩薩がこの世に下生されるまで、人々を救済し続けるという、まさに入定信仰を端的にあらわす言葉であります。

　なおこの言葉については、『平家物語』などに逸話があります。その昔、醍醐天皇の夢枕に、ボロボロの袈裟をまとった一人の僧侶があらわれて、「高野山、結ぶ庵に袖朽ちて　苔の下にぞ　有明の月」という歌を詠みました。翌朝、さっそく側近の者にこの歌の意味を尋ねられると、「高野山」とあるので、きっと空海上人に違いないということになりました。その頃、空海上人へ「大師号」を賜わりたいとの願いが、観賢僧正より上奏されていましたので、醍醐天皇はさっそく弘法大師の「大師号」と、桧皮色の袈裟をお授けになり、勅使と観賢師が奥之院へ参りました。そして奥之院で勅使が勅書を読みあげると、御廟の中から、「我昔、昼夜に万民を愍れみ、普賢の悲願に住す。肉身に三昧を証し、慈氏の下生を待つ」という声が聞こえたそうです。ぜひ奥之院にお越しの際は、ご自身の目でご覧ください。

　また寛政５年の『高野山奥院総絵図』には、現在の御廟にはない建物が描かれています。それは経蔵の手前にある看経所です。

　現在では、僧侶も御廟の前で読経していますが、本来は読経を行う場所として専用の建物がありました。

○弥勒石
みろくいし

〔図表115〕弥勒石

　弥勒石は、御廟橋を渡り、参道から少し左に外れた場所にあります。この石は、持ち上げようとすると、善人には軽く、悪人には重く、あるいは願い事が叶うときは軽く、叶わないときは重くなるといった、いわゆる〈重軽石〉と呼ばれる石です。
おもかるいし

　弥勒石という名前については、弥勒菩薩が５６億７千万年後にこの石のところに姿を現すためであるとか、大師は弥勒の浄土である都率天におられて、そこから糸でこの石をつり下ろされているからだ(『高野山通念集』)、というような伝承が伝わっています。

　なお浄土というと、阿弥陀如来の極楽浄土がまず思い浮かびますが、極楽浄土だけが浄土ではなく、薬師如来の浄瑠璃（瑠璃光）浄土など、たくさんの浄土があります。

さて江戸時代の『紀伊続風土記』には、「手を差し伸べ、なでることによって、勝縁を結ぶ」(『続真全』３６、３７８頁下) とあるので、いずれにしてもこの石が弥勒信仰を伴った神聖な石であり、さわることによって功徳を得ることができると考えられていたようです。
　ただし、この石の隠された真実は、石が持ち上がるかどうか (参拝者を惹きつけるエンターテイメント性は抜群ですが) ではなく、参道を脇に逸れて、この石を参拝することにあります。
　先ほど触れましたが、奥之院は金剛界曼荼羅の世界であるとされます。そしてその金剛界の主尊である金剛界大日如来の梵字 (種子) は「𒈔 (ヴァン)」字です。これを奥之院の御廟に当てはめてみます。

〔図表116〕『高野山奥院総絵図』

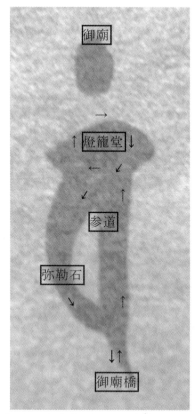

〔図表117〕御廟参詣ルートが𑖮字となる

　梵字の「𑖮」字の上にある点を「空点(くうてん)」と呼びますが、これは大師のおられる御廟そのものをあらわします。そして我々はその御廟を目指して御廟橋を渡り、参道をまっすぐに燈籠堂へ向かいます。燈籠堂に着いたなら、時計回りに燈籠堂を巡って、大師御廟前にて参拝し、さらに時計回りに巡って、今度はもと来た参道を歩いて、御廟橋へ戻っていきます。

　このときに参道を脇に逸れて弥勒石を巡ると、なんと自らの足でこの「𑖮」字を描いているのです！　つまり、弥勒石を参拝することで、知らず知らずのうちに自らの足で金剛界大日如来を描くことになるわけです。

　奥之院が金剛界の世界で、「𑖮」字をあらわすことは、中世には説かれていました（『遍明院託宣記(へんみょういんたくせんき)』）が、弥勒石は中世の絵図などには確認するこ

とができません。高野山の歴史を編年体で記した『高野春秋』（1719年成立）の元禄5（1692）年8月7日の記事には、その名前が出てきますが、いつ頃から弥勒石が奥之院に登場したのかについて詳しいことはわかっていません。

ただ石を持ち上げられればよし、たとえ持ち上げられなかったとしても、いずれにしても御利益は頂けますので、御廟参拝の帰りに弥勒石を参拝することをオススメします。

○御供所

〔図表118〕御供所

御供所とは、お供えを準備したり、調理するための場所や建物のことで、いわばお供え物を用意する台所のようなところです。ちなみに、高野山の御供所に限らず、寺院の台所や食堂にはよく大黒天がまつられていますが、寺院の奥さんを「（お）大黒さん」と呼ぶことがあるのは、それに由来します。

さて奥之院では、1日に2度、大師に食事をお供えします。これを「生身供」と呼びますが、それらは朝食（午前6時）と昼食（午前10時半）に

なります。仏教では「過中（昼）不食」と言って、お昼を過ぎたら食事をしないことになっています。つまり1日2食であるわけです。

現在では、パスタなど洋風のものも供されますが、ただしすべて肉や魚を使用しない精進料理であることは言うまでもありません。そして2度の食事の際は、御供所の脇にある「嘗試地蔵」の御前にお供えして〈味見〉を行ってから、御廟の大師に供えます。この地蔵尊は、もとは大師の弟子であった愛慢・愛語の両菩薩で、土佐国から大師を守護し「御厨明神」と呼ばれて、御廟橋のたもとに長く祀られていたものが、いつしか地蔵尊となって、現在に到ると伝えられています。

〔図表119〕生身供を嘗試地蔵尊に供える

また食事以外にも、夏は団扇、冬は火鉢なども供えられます。

このように奥之院では、入定された大師に仕え、毎日欠かさずお供えを行っているのです。

○大師の門送り

〔図表120〕大師の門送り

　御廟を参拝した後に、再び御廟橋、あるいは一の橋を渡ることになりますが、その際は橋を渡り終えたら、振り返って合掌し一礼をすることになっています。
　それは「大師の門送り」という故事があるためです。その故事によれば、観賢師が大師の装束を奉納した帰りに、一の橋までやってくると、なんと大師が一の橋のたもとまでわざわざ見送りに来ておられました。しかも観賢師のお供の笠持ちの者にまで大師が礼拝したというのです。観賢師が驚いて、何故このような身分の低い者まで、わざわざ見送られるのか、大師に問うたところ、大師は、私は身分に関係なく、その人の仏性（自心に存在する仏、仏としての性質）に対して礼拝するのであり、今後奥之院を訪れた人を、私は必ずここまで見送りにくる、と述べたといいます。そのため今でも、大師に橋のたもとまで見送っていただけることに感謝して、一礼するのです。
　今後奥之院を参拝し、御廟橋でも、一の橋でも、帰る時に橋を渡ったらそこには大師が見送りにこられていると思い、振り返ってぜひ一礼して、参拝できたことに感謝のお気持ちを持っていただきたいと思います。
　この伝承はおそらくは江戸時代かその少し前ぐらいにできたものかと思われますが、実際に大師がそこに来ているとかいないとか、見えるとか見えないではなく、そのような謙虚で純粋な気持ちを持つことができるというのが、心が清まった証拠であり、御利益ではないでしょうか。

6 小結
―高野山参詣の意義

　高野山は1200年の歴史を有する、日本を代表する聖地です。しかし、1200年の道のりは決して平坦なものではありませんでした。幸いなことに、都から距離が離れていることもあり、直接的に戦禍を蒙ることは免れましたが、一方で標高が高い山の上にあることが災いし、何度も落雷による火災などによって、大きな被害を受けてきました。つまり高野山で一番怖い災害は、火事なのです。

　現在の金堂や大塔が（一見しただけではわかりませんが）、鉄筋コンクリート構造であることも、どのように火災から堂宇を守るかということに重点が置かれた結果と言えます。

　一方で、火災などで壊滅的な状態となっても、その度に高野山は復興され続けてきました。

　親王院本には、藤原道長の参詣（【博陸参詣】、博陸は関白のこと）や、平清盛による大塔再建（【大塔修造】）、そして白河上皇による高野山参詣

〔図表121〕白河上皇が壇上伽藍を参拝する様子

（【高野臨幸】）の様子が描かれています。

　では人々は何故、こぞって高野山に参詣したのでしょうか？　それを読み解く絵図が残っています。

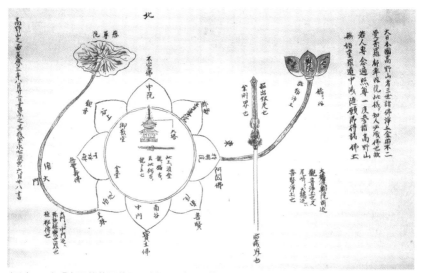

〔図表122〕『高野蓮華曼荼羅』(高野山報恩院)

　この『高野蓮華曼荼羅』では、高野山を蓮の花に喩えています。中央に蓮台の上にのった壇上伽藍が描かれ、そこが胎蔵曼荼羅の世界であることをあらわしています。

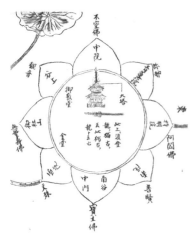

〔図表123〕『高野蓮華曼荼羅』の壇上伽藍　　〔図表124〕胎蔵曼荼羅の中台八葉院

この壇上伽藍を中心として、向かって左に茎が伸びて、大門を通って、蓮の葉の部分が、九度山にある慈尊院（高野山登山の出発点となる寺院）になります。また同じく今度は向かって右側に茎が伸びて、右上に奥之院や高野三山が描かれています。

これについては、中世の高野山の秘説を集めた『高野山秘記』という書に、「慈尊院は発心門であり、壇上伽藍などの山内は等覚門であり、奥之院は妙覚門である」と記されています。

これはつまり、高野山の麓にある慈尊院は、まさに高野山に登るという修行を行おうとする心を発す門であり、そこから実際に町石道を通って山を登り、大門を通って壇上伽藍に至れば、そこは仏の覚りとほぼ等しい位に至るわけです。そしてそこからさらに奥之院に至れば、妙なる覚りの位そのものに行き着くわけです。

すなわち、高野山に登山するということは、単なる観光ではなく、発心して菩薩の修行によって成仏することに等しいということになるのです。

なぜならば、高野山がこの世の浄土、あるいは曼荼羅の世界であると信じられたからです。そしてその高野山に向かう道は、まさに修行の道であり、一町（約１０９メートル）ごとに成仏への道標として、町石が建てられました。

当初は木造の卒塔婆が建てられていましたが、文永２（１２６５）年に覚
斅 上人が発願し、後嵯峨上皇や北条時宗、安達泰盛などの寄進によって、弘安８（１２８５）年に現在の石造りの町石が完成しました。

ところで『高野蓮華曼荼羅』には、高野山を参詣したときの功徳について、次のように説かれています。

> 大日本国高野山は、三世諸仏の浄土にして、金胎不二の曼荼羅、都率内院なり。此の様を知る人は、必ず成仏するなり。故 にもし人、専ら遍照尊を念じ、一度高野山に参詣せば、無始なる重罪は道中に滅し、願いに随って即ち諸仏土を得ん。

すなわち、高野山とは金剛界・胎蔵の両部曼荼羅や弥勒菩薩の浄土である兜率天そのものであり、諸仏が住まうこの世の浄土である聖地・霊場なのです。

145

これを知る人が成仏することは間違いなく、そのため一度でも高野山に参詣すれば、自らの滅罪や往生、あるいは故人の成仏といった願いが叶えられることを説いています。

　古来より多くの人々が、さまざまな願いをもって、高野山を訪れています。それらの願いを叶えるために、壇上伽藍や奥之院に足を運び、祈りをささげるわけですが、実は霊場高野山を参詣すること自体が、その願いを叶えるための、換言すれば成仏のための修行そのものでもあるのです。そして高野山には、そのための仕掛けが各所に施されています。

　このように、高野山は約１２００年もの長い歴史を持ち、脈々と信仰が受け継がれています。それは何度も罹災しながらも、壇上伽藍に大師が理想とした密教の世界が構築され、奥之院に今なお大師への信仰が生き続けているからでありましょう。

　イエズス会の宣教師であるフランシスコ・ザビエルは、比叡山延暦寺や根来寺、あるいは足利学校などとともに、高野山を〈日本の６大学〉の一つに挙げています。ザビエルが言う大学とは、中世から続くパリ大学やオックスフォード大学などのヨーロッパ型のユニバーシティのことですから、高野山は中世のヨーロッパと同様の教育システムを持つ、高度な教育・研究機関であり、修行の実践道場でもあったわけです。

　その伝統は現在も引き継がれ、高野山では年中行事として「勧学会」や「竪精」などの論義法会が、現在でも厳格に執行されています。

　一例として、「勧学会」は、論書や大師の著作を年毎に交代でテーマとして定め、その中で割り当てられた範囲について記された草稿を、その年の受者（披露担当者）が前年度受者達の前で披露し、さらにそれについて問答（質疑応答）が行われ、最後に指導者がコメントするというスタイルで行われています。これは、まさに現代の大学の〈演習（ゼミ）〉とほぼ同じです。

　これに加えて現在の高野山には、高野山大学といった研究機関をはじめ、専修学院などの僧侶養成機関も完備されています。

　その意味で、高野山は古くさい過去の遺物ではなく、国宝などの貴重な文化財を守りつつ、現在も信仰の聖地・霊場であり続け、さらにその境内すべてが未来を担う人材の育成センターでもあるのです。

あとがき

　筆者は、真言宗の寺院に生を享け、〈お大師さま〉を身近に感じながら育ち
ました。そんな中、大師のお膝元である高野山大学に進学し、山内の塔頭寺院
に寄宿させていただきながら、大学に通いました。さらに大学院に進み、修了
後も高野山にて研究を続けましたが、その中で見えてきたことは、大師の思想
や密教が他の宗派のみならず、日本の思想や文化にまで大きな影響を与えてい
ることでした。

　それらをあらためて研究していく中で、高野山には大師の思想や密教の集大
成とも言うべき「論義」が現在でも手つかずで残っていることに気がつきまし
た。論義とは、さまざまな教説や問題点について問答を行ってそれらを明らか
にし、密教教理の理解をさらに深めようとするものであります。

　それらには１２００年にわたる大師教学や高野山の学問の蓄積があり、また
それを法会として行うことで、単なる机上の空論ではなく、まさに実践行とし
て高野山では生き続けています。

　高野山には「高野の昼寝」という言葉があります。高野山という聖地ではた
とえ昼寝をしているだけでも、知らず知らずのうちに菩提心（信仰の心）が目
覚め、何か大事なものを得ることができるという意味です。

　都会の喧噪から遠く離れた大自然にいだかれ、学問と修行の道場である高野
山では、たとえちょっとした日常の中からでも学ぶべきことがたくさんありま
す。まさに高野山という聖なる環境が、人を育てるといったところでしょうか。

　本書は筆者が「高野の昼寝」によって学んだ大師の生涯や教え、そして伝説
と信仰について記したものです。

　大師の生涯や高野山の歴史については、すでに先学による膨大な研究の蓄積
があり、たとえば親王院本や御宝号念誦については、特に武内孝善先生による
解説を、そして高野山の歴史については山陰加春夫先生の著作などを、大いに参
考にさせていただきました。

また高野山大学の土居夏樹先生や大柴清圓先生からも貴重なアドバイスを
いただきました。

　末筆ながら、本書の図版や写真の使用に関して便宜を図っていただいた、
高野山金剛峯寺（霊宝館、法会課、総長公室）を始め、高野山大学図書館、
四天王寺大学図書館、善通寺、室生寺、野中寺、高野山内の光明院・金剛三
昧院・親王院・持明院・大明王院・南院・報恩院・明王院などの諸寺院・諸
機関に厚くお礼申し上げます。

　さらに本書のためにイラストを描いていただいた山田紗英子さんや妻であ
る真紀にもあらためて感謝申し上げます。

　筆者は高野山大学に籍をおいて日本密教研究に従事する者でありますが、
一方で真言宗の一僧侶として〈お大師さま〉を深く信仰する一人でもありま
す。そのため本書が〈お大師さま〉への報恩謝徳となると同時に、願わくは
本書を手に取っていただいた読者の皆様にとって、お大師さまと高野山への
良き結縁となりますことを祈念いたします。

北川　真寛

参考文献

『紀伊続風土記』（『続真言宗全書』、続真言宗全書刊行会、１９７９）

『空海コレクション』１〜４（筑摩書房、２００４〜13）

『弘法大師空海全集』全８巻（筑摩書房、１９８３〜86）

『弘法大師全集』首巻・全７輯（増補三版、高野山大学密教文化研究所、１９６７〜６８）

『弘法大師伝説集』全３巻（斎藤昭俊編著、国書刊行会、１９７４〜１９７６）

『弘法大師伝全集』全１０巻（長谷宝秀編、六大新報社、１９３４〜１９３５）

『高野山古絵図集成』（清栄社、１９８３）

『高野春秋編年輯録』（『大日本仏教全書』１３１、仏書刊行会、１９１２）

『高野大師行状図画』―親王院十巻本―、CD―ROM 版（親王院、２００３）

『高野山通念集』（『近世文藝叢書』２、国書刊行会、１９１０）

『拾遺往生伝』（『日本思想大系』７、岩波書店、１９７４）

『十巻章』（高野山大学出版部、１９４１）

『続日本後紀』（『新訂増補国史大系』３、吉川弘文館、１９６６）

『真言宗選書』第６巻　大師伝（同朋舎出版、１９８６）

『定本弘法大師全集』首巻・全１０巻（高野山大学密教文化研究所、１９９１〜１９９７）

『南山秘記』（『中世高野山縁起集』、『真福寺善本叢刊』９、臨川書店、１９９９）

『秘蔵宝鑰の研究』１〜３

（『高野山大学密教文化研究所紀要』別冊、２０１７〜２０１８）

『秘密念仏鈔』（『真言宗安心全書』巻下、種智院大学、１９１４）

『遍明院大師明神御託宣記』

（阿部泰朗『中世高野山縁起の研究』、元興寺文化財研究所、１９８３）

『空海・高野山の教科書』（枻出版、２０１３）

『空海の本』（学習研究社、２００６）

『弘法大師信仰』（日野西眞定編、雄山閣出版、１９８８）

『高野山インサイトガイド』（講談社、２０１５）

『御入定と大師信仰』（高野山布教研究所、１９８３）

『四国遍路ひとり歩き同行二人』（へんろみち保存協力会、１９９０）

『青少年のための仏教読本』（富田向真執筆、高野山真言宗布教研究所、２０１０）

『目からウロコの空海と真言宗』（福田亮成監修、学習研究社、２００６）

浅井證善『はじめての「四国遍路88ヶ所巡り」入門』（セルバ出版、２００９）

石田尚豊『空海の起結』（中央公論美術出版、２００４）

井原今朝男「寺院と護符（３）僧侶により御守が作られ授けられた史実」（『月刊住職』

　　　　１７−９、２０１５）

内田九州男「四国遍路―そのスタイルの諸特徴について―」

（愛媛大学「四国遍路と世界の巡礼」研究会編『巡礼の歴史と現在―四国遍路と世界の巡礼』、岩田書院、２０１３）

大柴清圓「『三教指帰』眞作説」（『密教文化』２０４、２０００）

「『古今文字讃』の研究―翻刻・校訂を中心に―」

『高野山大学密教文化研究所紀要』２７、２０１４）

「飛行三鈷の意味するもの」

（『高野山時報』３３４２・３３４５、２０１５）

「再論『三教指帰』眞作説」（『高野山大学密教文化研究所紀要』２９、２０１６）

「弘法大師の二十五歳得度・三十歳受戒説」『空海研究』５、２０１８）

大森照龍『総本山金剛峯寺巡遊』伽藍１・２

（高野山真言宗参与会事務局、２０１０・２０１１）

大山公淳『増補校訂　中院流の研究』（東方出版、１９８７、１９６２初出）

川﨑一洋『弘法大師に親しむ』（セルバ出版、２０１４）

『弘法大師空海と出会う』（岩波書店、２０１６）

北川真寛「『渓嵐拾葉集』にみる東台両密の交流―特に如意宝珠を中心として―」

（『密教学研究』３６、２００４）

「『中壇・自行略次第』について」（『密教学会報』５２、２０１４）

木下浩良『はじめての「高野山町石道」入門』（セルバ出版、２００９）

『はじめての「高野山奥之院の石塔」入門』（セルバ出版、２０１５）

五来重『高野聖』（角川書店、１９７５）

斎藤昭俊『弘法大師信仰と伝説』（新人物往来社、１９８４）

静慈圓　『空海入唐の道』（朱鷺書房、２００３）

『高野山のすべて』（宝島社、２０１６）

柴谷宗叔『江戸初期の四国遍路―澄禅『四国辺路日記』の道再現』（法蔵館、２０１４）

白井優子『空海伝説の形成と高野山』（同成社、１９８６）

「高野山の伝説」（『高野山大学選書』４、小学館スクウェア、２００６）

高木神元『空海入門―本源への回帰―』（法蔵館、１９９０）

『空海　生涯とその周辺』（吉川弘文館、１９９７）

『空海と最澄の手紙』（法蔵館、１９９９）

髙村薫『空海』（新潮社、２０１５）

髙村弘毅・河野忠「弘法大師と水」（『高野山大学選書』５、小学館スクウェア、２００６）

武内孝善「御宝号念誦の始原」（『日本仏教学会年報』６７、２００２）

『弘法大師空海の研究』（吉川弘文館、２００６）

「弘法大師伝を読む」（『高野山大学選書』５、小学館スクウェア、２００６）

　　　　　　『弘法大師伝承と史実―絵伝を読み解く』（朱鷺書房、２００８）

　　　　　　『空海伝の研究　後半生の軌跡と思想』（吉川弘文館、２０１５）

俵谷和子『高野山信仰と権門貴紳』（岩田書院、２０１０）

辻英子「高野山親王院蔵『高野大師行状図画』十巻について―解説と翻刻―」（『聖徳大学
　　　　研究紀要』１１、２０００）

寺崎修一「弘法大師の師主に関する一考察」（『常盤博士還暦記念仏教論叢』、弘文堂書房、１９３３）

中村本然「真言密教の修法と如意宝珠」

　　　　　　（『高野山大学密教文化研究所紀要』１８、２００５）

　　　　　「真言密教における如意宝珠〈信仰〉」

　　　　　　（智山勧学会編『中世の仏教―頼瑜僧正を中心として―』、青史出版、２００５）

　　　　　「入定信仰と浄土信仰」（『高野山大学選書』４、小学館スクウェア、２００６）

　　　　　『図説　真言密教がわかる！空海と高野山』（青春出版社、２０１２）

　　　　　「覚本房道範の生没年について」（『山岳修験』６０、２０１７）

畠田秀峰「遍路・巡礼―四国八十八ヶ所と西国三十三所」

　　　　　　（『高野山大学選書』３、小学館スクウェア、２００６）

速水侑『弥勒信仰―もう一つの浄土信仰―』（評論社、１９７１）

藤井淳『空海の思想的展開の研究』（トランスビュー、２００８）

日野西眞定『お大師さんと高野山』（慶友社、２０１１）

　　　　　　『高野山の秘密』（扶桑社、２０１５）

藤川昌樹「高野山の山内空間と建築」

　　　　　　（『高野山大学選書』１、小学館スクウェア、２００６）

藤巻和宏『聖なる珠の物語　空海・聖地・如意宝珠』（平凡社、２０１７）

松長有慶『密教の歴史』（平楽寺書店、１９６９）

　　　　　『空海 般若心経の秘密を読み解く』（春秋社、２００６）

　　　　　『高野山』（岩波書店、２０１４）

　　　　　『訳注秘蔵宝鑰』（春秋社、２０１８）、『訳注即身成仏義』（春秋社、２０１９）

三井英光『入定留身　大師の生涯』（法蔵館、１９８１）

村上保壽『高野山開創の意義』（高野山真言宗布教研究所、２０１０）

村上保壽・山陰加春夫『高野への道』（高野山出版、２００１）

森田龍僊『弘法大師の入定観』（藤井文政堂、１９２９）

山陰加春夫『中世の高野山を歩く』（吉川弘文館、２０１４）

吉見博「肥前国松浦郡田浦考序説」（『高野山大学大学院紀要』１１、２００９）

頼富本宏『空海と高野山』（ＰＨＰ、２０１５）

渡辺照宏・宮坂宥勝『沙門空海』（筑摩書房、１９６７）

著者略歴

北川　真寛（きたがわ　しんかん）

1975年福井県生まれ。1998年高野山大学文学部密教学科卒業。2003年高野山大学大学院文学研究科密教学専攻博士後期課程修了。博士（密教学）。

現在、高野山大学非常勤講師、高野山大学密教文化研究所委託研究員、八頭山弘法寺副住職を務める。

専門分野は、「日本における密教思想の歴史と展開」であり、論文として『『渓嵐拾葉集』における浄土思想」（『密教文化』207、2001年）、「『渓嵐拾葉集』にみる東台両密の交流―特に如意宝珠を中心として―」（『密教学研究』36、2004年）、「『高野山時報』に見る真言宗の社会事業―特に高野山真言宗（古義真言宗）を中心として―」（『密教学研究』40、2008年）、「東密における三密行について―論義とその背景としての浄土思想を含めて」（『日本仏教綜合研究』7、2009年）、「『中壇・自行略次第』について」（『密教学会報』52、2014年）、「五仏心王について―論義書を中心に　」（『高野山大学密教文化研究所紀要』30、2017年）他、多数。

Seluba 知る・わかる・こころの旅を豊かにする
Buddhism Books
セルバ仏教ブックス

はじめての「弘法大師信仰・高野山信仰」入門

2018年5月16日　初版発行　　2024年10月1日　第3刷発行

著　者	北川　真寛　　©Sinkan Kitagawa
発行人	森　忠順
発行所	株式会社 セルバ出版
	〒113-0034
	東京都文京区湯島1丁目12番6号 高関ビル5B
	☎03 (5812) 1178　　FAX 03 (5812) 1188
	https://seluba.co.jp/
発　売	株式会社 創英社／三省堂書店
	〒101-0051
	東京都千代田区神田神保町1丁目1番地
	☎03 (3291) 2295　　FAX 03 (3292) 7687

印刷・製本　株式会社 丸井工文社

● 乱丁・落丁の場合はお取り替えいたします。著作権法により無断転載、複製は禁止されています。
● 本書の内容に関する質問はFAXでお願いします。

Printed in JAPAN
ISBN978-4-86367-416-5